蔡康永◎著

酚酞瓜◎插画

蔡康永的说话之道

湖南文艺出版社

透过说话，
懂得把别人放在心上，
这就是我相信的、
蔡康永的说话之道。

序 —— 说话干吗要"之道"啦?

把说话练好,是最划算的事。

有人天天上健身房,练出漂亮肌肉,可惜课堂报告或公司开会未必能让你脱衣展示成果。有人唱歌非常好听,可惜想向男友道歉或想提醒老板加薪时,用唱的会显得你很古怪,说不定加薪不成,反遭遣散。就算你费很大功夫,把鼻儿整得高挺、唇儿整得丰润,你一旦站上讲台演讲,也没办法靠挺鼻丰唇来赢得满堂的掌声。就算你家财万贯,富豪榜排得进前五十名,一旦遇到女儿向你哭诉失恋之苦时,你也没办法靠钱解决,塞钱给她,叫她买杀手把负心男给杀了。

所有这些事情:报告、开会、道歉、要求加薪、演讲、

倾听诉苦，都只跟一件事情有关，就是：你会不会说话，你有没有能力去想象听你讲话的人是什么心情，想听到什么。

而且，最让人高兴的是，练习说话很方便，比练肌肉、练唱歌、去整形、去赚大钱，都要省事得多。你根本不用专门去上课，或者找医生，因为你每天都得说话。就像金庸小说《天龙八部》里的段誉，最爱练的武功是"凌波微步"，既不必举重，也不必揍人，只要一直练走路就好了，反正本来就每天都得走路，就走路走他个炉火纯青，结果段誉就靠着这"凌波微步"消灾解厄，躲过了无数次大劫，还把到了大美女。

很多说话书，教的是说话的"技术"，当然技术也无比重要，但我不是只看重"术"的人。我喜欢研究说话这件事，是因为我觉得透过研究说话，你会比较根本地搞清楚自己和别人的关系，搞清楚自己在想什么、别人在想什么，以及最有趣的——搞清楚自己到底是一个什么样的人。

每天我们说那么多话，其中到底有几句话是我们说完

序 说话干吗要"之道"啦?

之后,会自己找个空当,把那几句话放在心头玩味一番的?"我为什么说出这句话?我为什么会用这个态度说?"如果没事就想想这样的事,就会发现我们心里其实藏了很多自己都没搞清楚的东西,这些东西藏在我们的话里,从我们的嘴巴说出去了,变成别人评价我们的依据。如果我们稍加玩味我们的说话内容和说话方式,会比较懂得别人是怎么形成对我们的印象、怎样定位我们在他们人生中该放的位置。

如果我们练习把我们相信的事和我们说的话尽量变成一体,那我们比较可能因为说话谨慎,而成为谨慎的人;或者因为注意说话的品位,而成为有品位的人;或者因为训练自己好好倾听,而终于变成善于站在别人的立场想事情的人。

这些,就是我在意的"说话之道"。弄懂说话之道,比只是练习说话之术更重要。

乡间老农一句话,常常比庙堂之上大人物一小时的演讲动人,因为老农那一句话里面的"生命含量"很高,能够打动我们。而大人物纵使言辞巧妙,大部分是别有居心,只想笼络人。

这本书还是谈了不少"说话之术",但我相信你很容易就可以掌握到比"术"更内在也更高层的东西。我相信的,是先对人和人之间的沟通认真看待,然后得到比较多的对人对己的了解,然后比较靠近幸福。

透过说话,懂得把别人放在心上,这就是我相信的、蔡康永的说话之道。

目录
Contents

蔡康永的
说话之道

01 再会辩论，也不必轻易评价别人 /001

02 恰如其分地处理别人的评价 /005

03 一想到要和别人沟通，就觉得压力山大，怎么办？ /010

04 聊天，可以碰撞出新的角度 /014

05 已经很讨人喜欢的你，在未来会更讨人喜欢 /020

06 你说什么样的话，你就是什么样的人 /024

07 外表好不好看，绝对不是人生的决胜点 /029

08 沉默没问题的，沉默很正常的 /034

09 把无谓的胜利让给对方，懂得认输的人很懂说话 /039

10 把对方看在眼里，放在心里 /044

11 不会 GAME OVER，让人接得下去的话 /049

12 话题卡住了，就换话题，不要恋战 /054

13 问的问题越具体，回答的人越省力 /060

14 聊天时，每个人都想聊自己 /065

15 问题很尖锐，可以倒推回去两三步 /070

16 适度地挑衅，能让谈话热络 /076

17 不想交浅言深的话，应该避开地雷 /081

18 硬生生地报出数字，很难记住 /086

19 打麻将就该用手洗牌，空当是很重要的 /091

20 想知道后来怎么了吗？——悬疑式说话 /096

21 把故事爆点藏在太后面，很容易让故事废了 /101

22 幽默像走路，讲笑话像翻跟斗 /107

23 完全不必担心问题没深度 /112

24 带来惊叹号，就会留下深刻的印象 /117

25 交谈不是有奖金的竞赛，别急着抢答 /123

26 初次见面，应该说什么？ /128

27 赞赏，观察对方最渴望认可的地方 /133

28 自问自答，站在对方的立场来想 /138

29 在台上，把人当西瓜就糟了 /144

30 乐在其中，跟长辈"凑趣" /149

31 如果碰到对方，要求你和他站在同一阵线 /154

32 烂话题，就像默默地闻到有人放了一个屁 /160

33 你不是英国女王，离场不必惊动大家 /165

34 一个人很难"了解另一个人所受的苦" /170

35 开口找人帮忙时,要"大事化小" /175

36 求饶有诀窍,让人不原谅你都难 /181

37 只听字面的意思就做决定,恐怕机会就跑掉了 /186

38 别人赞美你一句,你就回一句赞美 /191

39 是在巩固友谊,还是搞得更冷漠? /196

40 黑手党为什么要开餐厅?从环境来推测 /201

41 炒热气氛,需要练习 /206

42 招待客人,别只用钱不用心 /211

43 说话别像地板打蜡机,只顾擦亮地板却没感情 /216

44 传达感情,不只要会说 /221

01

再会辩论，也不必轻易评价别人

 如果我们养成"动不动就评价别人"的坏习惯,就很容易错过最重要的事情——评价自己。

我所从事的工作很奇妙。身为一个主持人,如果不评价事情,就无法发问。听到来宾发表了一个论点,我就会想问,这样对吗?这个有意思吗?我会问对方,你怎么会这样想?

这是我的工作。

在日常生活当中,如果我对于跟自己无关的事情这么没完没了地下评断,我会累死。

我看到绝大部分人在网络上生活的方式,就是这样的。"点赞"这个设计,本身就是邀请你对与你无关的事情进行评价。就像有人一直邀请你判案子,却没有人在乎你判断的结果是什么。你一个人，幻想自己是法官一般地审判各种案子，一直宣判下去，哪怕根本没有人理你。你一天大概要宣判近百件案子——现在一个人每天在网络上滑手机看到的别人的动态起码近百则，如果你对每件事情都要表示一下态度，在心中暗自评价一番，一天的时间也就这样过去了。

你没有处理你自己，你在处理跟你无关的人。

如果我们养成"动不动就评价别人"的坏习惯，就很容易错过最重要的事情——评价自己。你的心力本来可以用在自己身上的，我们却把它挥霍在一个跟我们毫不相干的人身上，多么可惜。

02 恰如其分地处理别人的评价

 **别人的评价是和我无关的事情，不要妄想改变它。**

别人的评价是和我无关的事情，不要妄想改变它。

以前听人讲，他不在乎别人的评价，会觉得这个人硬充好汉、硬吞苦水，但现在，我觉得"恰如其分地感受情绪"绝对是最值得的训练。

被人家骂了，不可能会毫无怨气或者毫不痛苦。我被人家骂的时候，还是会恰当地感受到一些沮丧或愤怒。我当然会感受到，可是不会无限地放大它。

我有一些朋友，会因为一些很糟糕的评价难过一两天，而我希望我可以让这个不愉快的情绪困扰我十分钟或者半小

时。这个不愉快的情绪是一定要有的,不能说别人骂我们,我们一点感觉都没有,那样久了一定出事的。

对于糟糕的评价,我不排斥。

如果他骂得有道理,我会咬着牙接受,反思自己怎么做得这么不好。

如果很多人都骂我,我要知道改进,这是让我知道改进的最有效率的方法。

就好比我每次写书,都要修改很多遍。修改过程中,有时只是塞几个字进去,句子就变得通顺很多。比如说,我不爱用"总而言之"这四个字,基于不明原因,我也很少用"并且"。

等到文章写完,有些地方总觉得生硬,随手加了几个"而且""并且""总而言之"进去,语句立刻通顺了很多,

02 恰如其分地处理别人的评价

我觉得很差劲,写了这么多年书,一个句子还要改写到第三遍才知道怎么让它通顺。

所以,如果有人骂我句子不通,我就会看一下是不是真的不通,因为确实是我常出现的弱点。

如果别人的谩骂没有道理,我理所当然会觉得不愉快。可是因为能想象别人的处境,我会知道,这是别人受到他自身情绪影响的结果,他当时正处于想骂人的心情,所以他骂人了,而被骂的人,刚好就是我。我有尽到我的功用——被人家骂一下,让他的情绪有一个去处,那个情绪抵达到我这里,并且被我收到。

至于它对我有没有影响?影响到什么程度?我得自己决定。

03

一想到要和别人沟通,就觉得压力山大,怎么办?

> 如果一个作者没有压力，对不起看书的人。
> 恰如其分地感受压力，千万别祈求没有压力。

我为什么喜欢和小S合作？就是因为当感觉到"今天的主持不够厉害"的时候，我们都有那种"和它拼了"的决心。只是我们"拼了"的点不大一样，S可能会"拼了"，然后去做一件出格的事，我可能会"拼了"，然后开始设计一串有陷阱的问题。

"拼了"是已经被逼到角落的绝地反击，我们知道已经录制的内容不够精彩，我们要更精彩。那种求生的压力，让我们觉得非拼不可。

所以就节目内容来说，如果你的来宾刚好也是一个主持人时，通常可以比较放松，因为主持人即使身为来宾，依然

03

一想到要和别人沟通，就觉得压力山大，怎么办？

会本能地对"沉闷的内容"感到很大的压力，他会觉得自己没有尽到来宾的责任，然后力图振作。

我躲在家里面写书的时候，常常会跑出去逛书店。写作者应该去看看市面上已经出现了多少和你想写的东西"撞衫"的书，如果发现别人比你写得好，你该考虑放弃这个题目，去找别的方向；如果发现别人写了相同的题目，可是幸好比不上你构思的写法，那么你就可以庆幸到偷笑，然后用你觉得好的方式把书写出来。

这都是压力。

如果一个作者没有压力，对不起看书的人。

恰如其分地感受压力，千万别祈求没有压力。

04 聊天，可以碰撞出新的角度

 当别人跟你接触的时候,你就能够提供很多观点,也就是一个所谓能够启发人心的、丰富的人。

我判断,那些被认为是"治疗别人的人",当然也从别人身上得到很多东西,他没讲而已。

一个新兴宗教的教主出来,接受大家欢呼,问大家好,好像治愈了很多人,可是那些信徒对他的崇拜和热爱,也很大程度上喂养或是治愈那个教主本人。

我才不信有那种教主,一直用气功帮你治疗,最后气功用尽他自己就七孔流血死掉,如果有这种教主,他创的教当然一个礼拜就完蛋。治愈者把人治好之后,他从被治疗的人的身上也得到了很大的能量,这种相互关系才可能持续。

04 聊天，可以碰撞出新的角度

如果别人误会我是一个治疗别人的人，当然是大家搞错了，我跟别人聊天的时候也得到莫大的乐趣，如果没有得到莫大的乐趣，没办法一直当主持人的。当个主持人，老是觉得在伺候来宾，老是觉得很委屈，这种主持人能做得好吗？没办法的。我每次主持完节目都兴高采烈，因为知道了很多事情，是本来在自己的生活里无从知道的，我觉得根本赚到了，这是一种互相的治愈。

我喜欢看书，并不是因为看书是什么高级的事，而是因为能写出好书的人都是非常聪明的人，几乎是历史上各方面最聪明也最向往分享的人，才会去写书。你在看书的时候，完全不用跟那个人打交道，却把他最聪明的部分都拿到手，变成一个能够推演出很多角度去看事情的人。当别人跟你接触的时候，你就能够提供很多观点，也就是一个所谓能够启发人心的、丰富的人。

看节目也是一样，你看一个辩论节目，里面就同一件事情提供了大概近十种角度，其中有七或八种是你没有想过的。习惯了这样看待事理，以后别人跟你接触的时候，就会发现你总能跳脱现状，不被轻易困住。

多几个角度，就多几个治疗的可能。

打算永远从同一个角度射击，很多猎物都会射不中，事物不可能迁就我们那个唯一的、僵硬不变的角度，而要靠我们竭尽所能去找到适合万事万物的角度。

人跟人聊天，应该都不会怀抱着很崇高的使命感，跟你聊天是打算要治疗你，那叫门诊，不叫聊天。你跟朋友在一起鬼扯一小时，他不会跟你鞠躬说谢谢你今天对我的启发，只会觉得心里好过多了。回去之后，他会察觉，自己跟别人在一起只是喝酒打麻将，跟你在一起，好像心里舒服很多，他就会有意愿跟你做朋友。倒过来想，你是不是也觉得从他

04 聊天，可以碰撞出新的角度

身上得到有趣的东西？如果有的话，你们俩就会变成朋友。

没有关系是建立在单方向的治疗上的，只要你能提供对方并不具备的角度，你就也可能启发对方。

05

已经很讨人喜欢的你，在未来会更讨人喜欢

那个×××说你最近进步非常大哦！

你最近的打扮超好看！连××都那么说！

我好棒——我好可爱——！

×××那么说吗？

我也不知道啊。

双马尾？

> 因为这样做一定会让听的人很高兴，气氛会很好，而且转述第三方的赞美，比你自己一味说一些空洞的赞美，要可信得多了。

"我那天碰到阿男，他说他觉得你人好好！又漂亮！"一起唱歌的一个礼拜之后，阿昆这样告诉坐在他旁边的安珮。

呃……阿男真的这样说过吗？天晓得！但谁在乎呢，只要阿男是个还算会做人的人，就算他根本没说过这话，下次碰到安珮，听安珮这样提起，他也不会否认的。

不会否认，是因为这句转告的话，让安珮、阿男和阿昆三个人的关系都更好啊！每个人都开心，没有人受伤害。（……除非……安珮因此爱上阿男，可是阿男根本就有女友，后来安珮就很伤心……）

我自己是不会故意去无中生有地捏造这类的赞美，但如果真的听说，就算是转个三四手的赞美，我也一定乐于转达的。因为这样做一定会让听的人很高兴，气氛会很好，而且转述第三方的赞美，比你自己一味说一些空洞的赞美，要可信得多了。

我的主持工作使我一定会遇到很多我不熟的人。我如果遇到长寿连续剧的老婆婆女主角，硬要说我是她的粉丝，她听了也不会信，说不定老婆婆还觉得我很虚伪。但我如果是用转述别人赞美的方式，说："我们大楼有一位阿公，觉得你是整出戏里最有气质的女生。"那老婆婆女主角才听得进去吧。

至于事实上那位阿公这样说过吗？他可能只是说："那个阿婆到这个年纪还露乳沟，真是有气魄啊！"

说穿了，我的建议，只是希望让本来就已经很讨人喜欢的你，在未来会更讨人喜欢而已。

但如果你想练成的说话方式是想让别人怕你、讨厌你的话，那就请你赶快放下这本书，把本来要买这本书的钱，拿去买武士刀，或者买只臭鼬当宠物比较快哦。

06

你说什么样的话，你就是什么样的人

我喜欢吃炸鸡！

我喜欢喝奶茶！

所以我是一个

需要减肥的人。

砸了吧！

> 很多人以为：你说什么样的话，会透露出你是什么样的人。
> 但我觉得不只如此，我觉得：你说什么样的话，你就是什么样的人。

"你把球鞋丢在这里，是想害我摔死啊！"安珮对阿男大吼，这是他们同居的第三年。

绊到球鞋，真的会摔死吗？

不无可能哦！在楼梯转角绊到球鞋，然后从十楼一路顺利地翻滚到一楼，可能会死掉，所以这话也未必太夸张。

但安珮绊到阿男脱下的球鞋，当然一定也有别的话可以说。

安珮可以推理："你球鞋怎么脱在这里？你昨天晚上一定又喝醉了！"

安珮可以怨叹："你不是讲好不买这双球鞋的吗？这双球鞋的钱够我买一个微波炉啦！"

安珮也可撒个娇："怎么办！被你的球鞋绊到了啦！痛

痛啊……"

安珮会说什么样的话，决定于她要在阿男的眼中扮演什么样的人。她要扮的是欧巴桑，她就会说出欧巴桑爱说的话；她要扮未婚妻，就会说出未婚妻该说的话；她要扮美眉，就会说美眉的话。

很多人以为：你说什么样的话，会透露出你是什么样的人。

但我觉得不只如此，我觉得：你说什么样的话，你就是什么样的人。

"You are what you say."

你老是觉得你是可怜虫，别人都在欺负你，你确实就会常常说出可怜虫心态的话。但不只如此，反过来也一样：你每句话都说可怜虫才会说的话，说久了，你就会是可怜虫。

当安珮大吼说"你想害我摔死"时，阿男一定会觉得这疯婆子有被害妄想症。（相信我，就算我这种在杀人界完全是生手的人，也不会想靠乱丢球鞋这么没效率的招数去杀人的。）

从此，阿男心中的安珮，就多了一张小小的便利贴，上面写着："被害妄想者。"下次他们再吵架时，"被迫害"就会变成阿男抱怨安珮的一个依据，阿男会说："你每次都以为我会对不起你，你这么爱冤枉我，干脆我真的出去跟别人乱搞算了！"

是啊，安珮说的话，不但是"果"，透露出安珮怎么看事情，还会倒过来变成"因"，倒过来"引导"安珮去看事情，然后再"引导"安珮身边重要的人这样去看安珮。

你嘴上爱抱怨，你就成为怨女；你嘴上爱耍贱，你就成为贱嘴；你老是说色情笑话，你就成为色眯眯怪叔叔……虽然，我们都知道你骨子里可能并不是这样的人。

你真的想变成给别人温暖的小太阳吗？那你就从说话开始，订出一些简单的、你真的做得到的事，例如：规定自己每礼拜三中午一定发出一通短信，问候一位在你通讯簿上的朋友，而且在对方回你短信之后，一定再回复一则给对方加油的短信。

（"那万一对方跟我借钱怎么办？""那……还是要叫他加油啊！"）

07

外表好不好看，绝对不是人生的决胜点

唉……
如果我有明星那么帅气就好了……
不会呀——
我觉得你现在这样就很好呀，我每次和你聊天都非常开心！
……
她是什么意思？
是我想的那个意思吗？

> **别人并不是为了伺候你而存在的。**

外表好不好看,绝对不是人生的决胜点。

讨不讨人喜欢,还比较重要一点。

这件事,用常识判断就知道了:和你住同一间房子的室友,或者坐你隔壁办公桌的同事,就算长得很美,你也不见得心情会很好,但要是她很讨人厌,你却一定心情坏。如果你的室友或同事,长得不美,但很好相处,很讨人喜欢,那你的心情就很容易很好。大概只有做大明星的人,比较适合非常美但是非常讨人厌。如果没打算做大明星的话,那么会因为你的美丽而感到人生满足的人,其实很有限。反而是你的讨人喜欢,可以造福身边很多人。

"我约好了大家礼拜六一起去吃日本料理哦!"安珮的朋友兴高采烈地打电话来约。

"啊，可是我不吃日本料理啊！"安珮如果直接这样回答，对电话那头的人来说，当然很为难。

安珮这样讲话，当然是把她自己一个人的喜恶放在最重要的位置。如果不是为安珮庆生的话，我想参加聚会的另外八个人其实没必要在乎安珮大小姐吃不吃日本料理。

安珮直接给这种回答，很像"咻"的一声把大刀拔出了刀鞘，她要不就是逼迫对方为她改订别的餐厅，而且一一去通知别人，要不她就是逼对方说："这样啊，那安珮你这次就先不要来参加好了。"

少给别人找麻烦的方法，就是把麻烦在自己手上就解决掉。安珮不必勉强自己吃日本料理，她只需要回答：

"哦，那我会吃饱再去餐厅跟你们会合，因为我不吃日本料理。"

或者："我来帮大家订另外一家新开的泰国菜好不好？因为我不习惯吃日本料理。"

安珮如果会把话改成用这个顺序讲，她会讨人喜欢得

07 外表好不好看，绝对不是人生的决胜点

多，别人下次也才有兴趣再打电话约她聚会。可是，要怎样才会知道讲话的顺序，应该哪句先、哪句后呢？以这次的电话邀约来说，其实需要把握的态度，只有很简单的一个，就是：别人并不是为了伺候你而存在的。

08

沉默没问题的,沉默很正常的

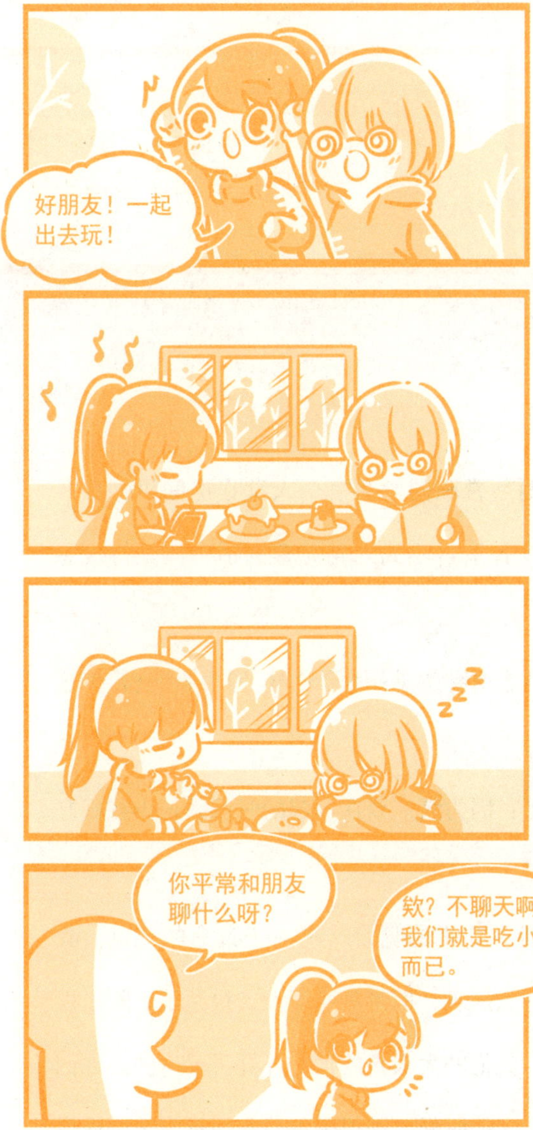
好朋友！一起出去玩！
你平常和朋友聊什么呀？
欸？不聊天啊？我们就是吃小蛋糕而已。

小蛋糕带来的稳固感情！

> 如果怕沉默带来的冷场,请不要给自己压力、不要逼自己随时要找话题,请优先把事情交给音乐来处理。

阿昆念中学时,常和同学两三个人窝在房间里,听音乐、翻杂志、几个钟头讲不到几句完整的话,但觉得很悠闲、很放松。

阿昆有时很怀念这种感觉:为什么毕业以后,就很少这样了呢?

我来回答好了:因为大人聚在一起的时候,很少在好好地听音乐。

我不是在鬼扯,我真的觉得这是一个致命的关键。我不知道大人们是怎么回事,但是我观察大人很久了。除了娱乐圈的大人之外,其他的大人真的很少好好听音乐的。他们也许会在自己一个人的时候,用很隆重的音响听爵士乐或古典乐。但和家人朋友相聚时,大人很少随兴地放些好听的音乐来听。更惨的是，大人还常常在亲友聚会时，把电视机打开，然后大家就被电视节目控制着。电视上的人骂政治，大家就跟着骂两句；电视上的人说笑话，大家就跟着笑两声。

不是不可以，但我真心劝大家不要常常这样。

你听的音乐可以让耳朵和心休息，可以很随意就形成美好的气氛。这是靠电视或靠嘴巴讲话都很难做到的。

再亲近的朋友、再亲近的家人，都不可能每分钟都没完没了地一直讲话。不讲话时，当然就会有一阵子沉默了。

沉默没问题的，沉默很正常的。（当然，我们做电视节目是比较不方便沉默啦，总不好意思让观众一直瞪着电视看我们到底是要什么时候才开口讲话……）但聚会时，沉默好像会带来压力，逼得人要开口说些什么。这时候，如果空气中本来就弥漫着音乐，你就会发现沉默没那么可怕。

但是如果刚好没音响可听，也不要依赖电视来填补沉默的空白。（除非刚好某人被暗杀或者三百年才看到一次的日全食这类的事正在发生……）电视啊，就好像一个自以为很了不起的、喋喋不休的、很爱大声说话的人，靠这样一个人来打发时间或者消除寂寞，倒是很不错。但是家人晚餐或好友相聚时，有这么一个人在场是很被打扰的，电视对闲聊谈天毫无帮助。如果怕沉默带来的冷场，请不要给自己压力、不要逼自己随时要找话题，请优先把事情交给音乐来处理。

或者，也可以学着享受沉默。看夜景的时候、两人散步的时候、三五好友一起下厨煮菜的时候，"正在做的事"本身就很有趣，沉默反而比喋喋不休更丰富，更值得回味。

09

把无谓的胜利让给对方，懂得认输的人很懂说话

你竟然吃咸豆花！甜豆花才是真的豆花!!!
我没有吃过嘛……也许吃了我就觉得甜豆花好吃了……
那我请你！让你瞧瞧什么才是真的豆花！
骗到一顿饭，真好。
你竟然吃肉粽子！粽子蘸糖才是真正的粽子！
我没有吃过白粽子嘛……
我家自己包！等我给你几个开开眼界！
又骗到一顿饭，真好！
都是好吃的！

> 当你遇到了很强势、非逼你认输不可的人，如果认个输并不会伤害到你的原则，我就建议你一笑置之，把那个无谓的胜利让给对方。这会显得你度量很大，对方也会很乐意跟你进一步合作。

安珮有个同事，一流大学毕业，辩才纵横、逻辑清晰、学富五车、口若悬河。每次部门开会，如果上司问到他的意见，他都能侃侃而谈，表现得很有想法。

可惜，大家都觉得他很讨厌。需要协调事情的时候，别的部门的人很少愿意配合他。同部门的人，也不太愿意陪他一起冲锋陷阵。

他怎么啦？他也没怎么，他就只是跟别人意见不同的时候，老是把对方讲到哑口无言而已。厉害是厉害，但讨人厌。口头上败给他的人，心里都期待他出洋相。

安珮倒不讨厌他，安珮在开会的时候，几乎都在想心事，最好是变成空气，不要引起上司注意，所以安珮从没跟这号人物斗过嘴。当安珮听这位优秀的同事发言的时候，也

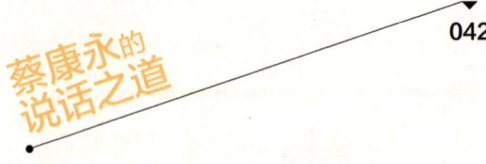

常觉得他讲得都挺有道理的。

其实上司们也都算欣赏这位同事，但当他们发现此人人缘太差，事情做不成、没法打团队战的时候，对他的评价就大大降低了。

智者说过：每个人，都是自己那片小领土的国王。国王的特色是什么？国王就是偶尔会乐意听听别人的意见——当别人的意见刚好和国王自己的意见相同时。人也许有三六九等，但不管是小学生、老太太、专门帮狗洗澡的还是专门帮政府查税的，每个人都喜欢别人同意自己。但既然每个人不论大小，个个都是国王，那当然每个国王都有自己的想法，你朕、我也朕，实在不可能大家都刚好同意彼此的想法。

当你不同意对方的时候，其实你不必像安珮这位好辩的同事这样，硬要对方认输认错，这对事情的进展没什么帮助。你可以语带保留，可以迂回地提醒，如果对方不是过于木讷，应该听得出你的立场。反过来，当你遇到了很强势、

09 把无谓的胜利让给对方，懂得认输的人很懂说话

非逼你认输不可的人，如果认个输并不会伤害到你的原则，我就建议你一笑置之，把那个无谓的胜利让给对方。这会显得你度量很大，对方也会很乐意跟你进一步合作。

舌战如果发生在情侣之间，那"认输"的益处就更大了。情侣之间和同事之间不同。情侣是因为相爱才在一起，不像同事是为了薪水才在一起。把优先级搞清楚以后，自然懂得情侣之间维持住彼此的爱才是最重要的。在相爱的前提之下，又何必计较输赢呢？

你和丈夫吵架，吵赢了，吵到他低头认输、恼羞成怒、摔门出去、大踩油门把车飙走，这样你不是会很担心他的安全吗？你会整晚都睡不好，焦急地等他回来吧？这样你有赢吗？应该是宁愿输的好吧？

10

把对方看在眼里，放在心里

恩恩，她喜欢吃这个，
不喜欢香菜，最喜欢
加一点点辣酱的……
（在心里默默记上）
这个馒头好吃……
这家面好吃……
欸？不一起出去了？
是我做错了什么吗？
90斤—113斤
我胖了啊！

除了吃饭还有很多
活动可以约……
我想想……

> 一个人，如果能做到把对方"看在眼里、放在心里"，就算这个状态，只维持一顿饭的时间，也能让对方觉得"被重视"，如沐春风。

阿昆依照很多教说话的书的指示，和安珮约会的时候，很努力地一直保持两眼看着安珮的眼睛。

可能这样做真的很累，过了五分钟，阿昆就觉得自己都快变成斗鸡眼了。

不过，更累的是被看的安珮。安珮心里其实在冒冷汗，担心自己是不是被看出什么破绽来了。是鼻头的粉扑得不够，被看出来毛孔有点粗大吗？假睫毛没粘好？鱼尾纹？眼屎？

安珮会这么紧张，是因为阿昆看她的方法太像"验尸"了。

看有很多种，端详、检验、审视，跟注意、注视、望着，有分寸上的不同。

把对方看在眼里，放在心里

约会的时候，当然最好是三不五时地、带着感情看着对方，让对方感觉到两人之间有暧昧的电流在传递，而不是"两个饿坏了的人聚在一起填饱肚子"。

有的人约会时，虽然精心挑选了适合谈话的法国餐厅，精心挑选了老少咸宜的法国红酒白酒，但进了餐厅一坐下来就"认真"地研究菜单，研究完菜单就"认真"地跟侍者讨论菜色。然后呢，酒来了就"认真"品酒，菜来了就"认真"吃菜，是怎样？你以为自己是米其林餐厅指南派出来的美食密探？

约会就是约会，就是要含情脉脉，吃喝点菜都是"调情"的好机会。面对外文菜单，你可以嘲笑自己在外文上闹过什么笑话，让对方觉得你好亲切；也可以趁机讲一个自己去旅行时见识到的小风俗，让对方觉得你见多识广。在这么做的时候，你当然要不时看着对方，带着一点点观察，让对方充分感觉到她在你眼中的存在。

侍者建议火锅要多辣、牛排应该带血吃的时候，看她有

没有皱眉；看她有要起身的样子，虽然不用夸张到一个箭步移形换位去帮她拉椅子，但起码该停下刀叉筷子，贴心地告诉她餐厅的化妆室在哪个方向。这些都需要你保持"眼角观察"，但不必"端详审视"的。

很多人以为懂美食美酒，就是有品位的人。我一点都不同意，懂美食美酒的无聊蛋，我见多了，跟这样的人聚会，你绝不会有"如沐春风"的感觉，因为他们没有"以你为尊"，而是"以吃喝为尊"。

一个人，如果能做到把对方"看在眼里、放在心里"，就算这个状态，只维持一顿饭的时间，也能让对方觉得"被重视"，如沐春风。

看到没？"被重视"是关键词哦，要紧的就是那个"视"字啊。

11 不会GAME OVER，让人接得下去的话

加班中——
这个报告应该
这样那样……
巧妙的转移
话题——
你昨晚几点睡的？
你能不能不熬夜？
妈
晚饭吃啥？
明天出去？
你看的
电视剧
……
你几点睡的？
别打岔。
你不是又
熬夜了？
妈
几点？
你又想熬夜？
你还想活吗？
搞不定啊！
都说了经验老道的妈妈
可能行不通……
但还是不要熬夜哦。

> 遇上对方提起了一个你完全不想接的话题，不必急着要抵抗，而是轻巧地把对方热衷的话题连接到一个很生活的方向就行了。

初次约会，阿昆对安珮聊起了他最爱看的篮球赛：

"每次在网络上下注，只要有湖人队，我就一定赌湖人队赢！"

安珮如果也很爱看篮球赛，那当然就没问题。可是如果安珮最不爱看的就是篮球赛呢？那安珮接下来说什么，就会很关键地决定初次约会的成败了。

"哦，我觉得篮球最无聊了。"安珮说。

画面浮现 GAME OVER（游戏结束）……

如果安珮并不是被老妈拿枪指着太阳穴去约会的话，其实她应该不会这么急着把约会搞砸的。

倒带，重来一次：对方不管说的是你心目中觉得多么无聊的事，只要你愿意让谈话继续，就请你忍住，不要说出这么 GAME OVER 的话来。

"我每次都赌湖人队会赢！"阿昆说。

对篮球完全没兴趣，也不想听臭男生继续穷吹篮球经的安珮，可以接什么呢？

"那阿昆你一定常常熬夜看球赛？"——接下来就可以进一步聊他的生活作息了。

"那阿昆你都下多大的注？"——接下来就可以进一步聊他的金钱观了。

"那你看球赛的时候，你以前的女朋友都不会抱怨哦？"——接下来就可以进一步聊他的感情史了。（但这个方向有点危险，因为阿昆恐怕也会回头问安珮的感情史。对初次约会来说，这是不好拿捏的敏感话题。）

只要你有心，你也可以替安珮想出另外十句可以接的话，不会让谈话尴尬地中断，也不会勉强安珮假装对篮球很感兴趣，被迫十五分钟接着听阿昆滔滔不绝地讲湖人队有多厉害。

遇上对方提起了一个你完全不想接的话题，不必急着要抵抗，而是轻巧地把对方热衷的话题连接到一个很生活的方向就行了。

这招拿来对付爱唠叨的长辈也不错。我很多朋友的妈妈都非常爱念她们的小孩"怎么还不结婚"，唠叨起来可以在电话里讲半小时。

"妈，我跟你说，我老板上个月离婚了呢。他搞外遇，被逮到！"

你使出了移花接木的招数，也许你妈会上当，就开始跟你聊她身边离婚的人，暂时忘记要逼你快结婚。但也可能，你妈江湖经验老到，目不眨，神不移：

"那你就去跟你老板交往看看啊，反正他刚好离婚了！"

12

话题卡住了，就换话题，不要恋战

午休时间——

那天的电影啊……

对对对……然后他们——

欸……你们在聊最近的电影吗啊——

"BOSS"

是呀——

您看了吗?

我没看过哈哈,但是我突然想起来……会议资料你们都整理完了吗?下午要用哦。

"BOSS"

话题终结者——

工作的话题我不知道

截稿日的话题我也不知道

> 遇到会卡住的话题,
> 就让它摔破在地上,
> 用脚扫到沙发底下就结了。

安珮:"你说,你是不是带你每一任的女朋友来这里看夜景?"

阿昆:(卡住……)

阿昆这算是比较惊险地被卡住啦,如果在连续剧里,这时阿昆应该会有一个脸部特写,配一段晴天霹雳的音效。但平常我们在谈话中卡住时,多半很平淡,就只是刚好没话可以接了而已。

阿昆:"你的老板身体最近比较好了吗?"
安珮:"哦,很好,都没问题了,谢谢你这么关心啦。"
阿昆:"别客气……"(卡住……)

话题卡住了，就换话题，不要恋战

　　如果安珮的老板住到加护病房了，我想安珮就会有很多话要对阿昆讲，阿昆也就会有很多问题可以问，就不会卡住。但我们当然绝对不应该为了谈话顺畅，就任性地把安珮的老板送进加护病房！我们应该靠自己解决问题。

　　话题卡住了，就换话题，不要恋战。我知道有些话题你起了个头，是希望问出一个结果，或是要告诉对方某件事，但卡住了就是卡住了，暂且丢开比较不会手忙脚乱，有机会再绕回来就可以了。你看电影里的杀手，每次忽然发现手枪里的子弹卡住了，或者射完没子弹了，就会改用拳脚进攻，很少坚持拿着已经没有子弹的枪当武器去敲敌人的头。

　　天可怜见，有些人本来就防卫心很强，或者天生个性冷淡，你再怎么努力找话题跟他讲，他就是淡淡地回答你"是哦""这样啊"，这些都是会让你卡住的回答。这样的人，如果你并没有和他恋爱的打算，那我建议你明快有礼地说清楚该说的话，类似"老师说明早九点在车站集合哦"或"那么很抱歉，这次就不麻烦您了"，说完就可以闪了。

但如果是你在意的人，谈话却卡住的话，其实不必用力挽救，另开一个话题即可。

阿昆："我昨天租了一部片子，是讲未来世界，人的记忆可以被假造的故事。"

安珮："听起来好难懂哦……"

阿昆（马上另起炉灶）："我后来在路上，竟然看到林志玲在买炸鸡排呢！"

安珮（眼睛一亮）："林志玲本人漂不漂亮？"或者，如果安珮是吃货："那家鸡排好吃吗？"

如果在相聚的两小时里面，你有三次让对方开心地笑，那对方应该是绝对不会记得你曾经提过几个无聊的话题的。（除非她偷偷按下手机的录音键，回去把整场谈话根据录音整理成书面记录……如果是这样……其实分手可能比较好……）

12
话题卡住了，就换话题，不要恋战

喜剧片里面，慌乱的男主角打破女生最爱的一个花瓶时，赶快用脚把花瓶碎片扫到沙发底下，手上却抽出花瓶里的玫瑰，放在女主角脸的旁边说："你比玫瑰花还美十倍……"女主角马上笑逐颜开，置破花瓶于脑后。这个场面，某个程度是真的啊。

谈话是发生在当下的事情，很少人能同时听着你讲话，脑子里却一直惦记着三分钟前你讲了什么烂话题，这又不是期末考，教授在听你做报告。遇到会卡住的话题，就让它摔破在地上，用脚扫到沙发底下就结了。

13

问的问题越具体，回答的人越省力

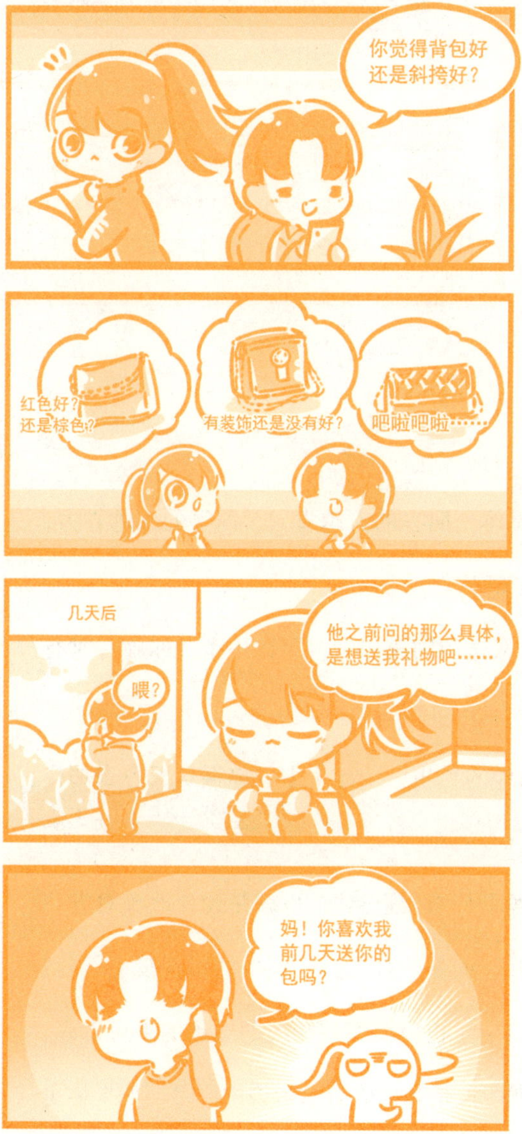

偶尔也许也会有这
样的小误会呢……

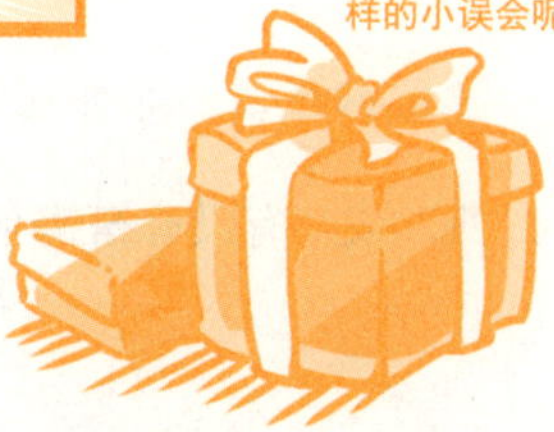

> 我建议的发问方式，可以是先问两三道像是非题或选择题的具体问题，把对方有兴趣聊的范围给摸索出来，再用申论题往下问。

问的问题越具体，回答的人越省力。回答的人越省力，他就越有力气和你聊下去。

"你喜欢去什么样的国家旅行？"比不上"你旅行时有被骗过钱吗？"。

"你喜欢什么样的男生？"比不上"你喜欢王力宏那样的男人吗？"。

因为，问问题最好有"退路"，也就是说，就算对方回答"没有被骗过钱"或者"对王力宏那型的男人没有感觉"的时候，你自己口袋里也应该有些相关的有趣的事可以讲，要不然你的问题就应该是其他你有话可说的题目。如果你也没被骗过钱，那你比较适合改问"你旅行时会不会乱买东西"或"有没有搭错车过"等你自己也有故事可说的题目。

问的问题越具体，回答的人越省力

至于"喜欢什么样的国家、男生、衣服……"这种题目，其实也很不错，起码是很友善也很安全的问题，但这类问题需要对方做一番归纳整理的工作，有点费对方的脑力。万一对方不善于归纳整理，或刚好没力气动脑筋时，她可能就会回答"我也不知道啊"或者"都好啊"这样较扫兴的答案。

我建议的发问方式，可以是先问两三道像是非题或选择题的具体问题，把对方有兴趣聊的范围给摸索出来，再用申论题往下问。

比方说，先用是非题探出来安珮觉得电影《星际大战》里的绿色小个子尤达大师很迷人，那就比较知道她的路数应该不是迷王力宏、约翰尼·德普等偶像的。（当然，也有都要的啦，尤达大师、垃圾桶形机器人、王力宏、约翰尼·德普、姚明、成龙、美国总统、石油国亲王……都要的。）

聊天，如果一开始就制造出双方都很想讲话的气氛，对方就会有"怎么跟你有说不完的话？和你谈天好轻松"这种感受。

这种感受，有时是天时地利人和，有时是对方在讲客气话哄你（尤其如果你是去酒店或牛郎店花钱买聊天的话）。而最可靠的，是靠你自己暗暗掌控、制造出这样的感受。

被你的问题所引导的人，其实不太会察觉你在掌控什么，因为气氛很愉快，他脑中就不会有警铃响起。别人这样对我的时候，我脑中也不会响警铃，因为人都想找到知己，人都想被了解，每次愉快的谈天，都像灵魂被按摩过一样，会让你以为终于遇到知己了。

当然很可惜的是，知己有时只是一个有明确目的、要利用你的人，当地图整卷摊开而匕首出现时，你难免觉得被泼了一盆冰水。十年不见的老同学，和你讲了十次愉快的电话之后，终于告诉你，希望你买她推荐的保养品，成为她在直销公司的下线。这时，我建议你：开朗看待这件事，别太灰心。你男友陪你聊天三百次、逛街里程累积八百公里，还不就是为了把你弄到手？

14

聊天时,每个人都想聊自己

这个游戏我一下子就抽到了SSR！
女
我刚玩，一分钱都没有花就拿到了哦！
我是不是太厉害了？虽然我不打算怎么继续……
小海豹你继续晒呀你怎么不晒了？
人家只是想分享喜悦嘛……

> 扮演"上道"的朋友,
> 最高原则非常简单:
> 尽量别让自己说出"我"字。

安珮和阿昆即使是在最亲密、最如胶似漆的时候,很遗憾地,他们也仍然各自活在自己的世界里。

这是世界的真相,每个人都活在自己的世界里。当阿昆在投资上踩到地雷,惨赔五十万的那个晚上,如果安珮正在因为月经来而整晚肚子痛的话,那么不管他们两人多么努力地关心对方,真正最让他们痛苦的仍然是他们各自的痛处——阿昆的五十万、安珮的肚子。

讲这个不是为了对情侣们泼冷水,而是做个简单的提醒:聊天时,每个人都想聊自己的感觉。

当你在东指西划地大谈:"吼!昨天晚上我夹着鲨鱼夹去倒垃圾的时候,我前男友开车经过我面前啦!×!我额头刚好长了两颗大痘痘……"

当你这样废话连篇，而你对面的人却认真地睁着眼睛看着你专注而关心的时候，你真的会觉得这个人是你最好的朋友，是你最想倾吐心事的对象，是地球上最可依靠在上面垂泪的一双肩膀……

这个看似很专心听你说话的人，嗯，我不知道她是不是你最好的朋友，但她无疑是你"最上道"的朋友。

她专注地看着你时，天晓得她心里在想些什么！她可能看着你的嘴，想着"嘴巴一直动，好像我养的金鱼哦……上排牙齿有比萨的菜渣呢……她讲的那个前男友不是长得像猪吗"等等等等。

处于这个状态的她，实在不太像什么"地球上最可靠的一双肩膀"，但你会喜欢她，这是一定的。

所以，反过来，当你自己想要被别人喜欢的时候，你只要把别人放在你自己的位置上来想，那就轮到你来扮演这个"最上道"的朋友了。

扮演这样一个朋友，最高原则非常简单：

尽量别让自己说出"我"字。

听起来很容易,但你可以试试看,跟朋友聊天十分钟,不要说出"我"字。

对,就是不要说出"我"字。每次想说"我"字时,都改成"你"字或"他"字。

你会发现这十分钟里面,本来不断说着"我昨天……""我觉得……""我买了……"这些句子的自己,忽然变成了不断把话题丢给对方、让对方畅所欲言的超级上道的人!

也许你会说,你又不是在陪酒,又不是在牛郎店上班,为什么要让对方畅所欲言,而不是让自己畅所欲言?

答案很简单,你的朋友们也不是在陪酒、做牛郎啊,他们凭什么要永远让你畅所欲言?

15

问题很尖锐，可以倒推回去两三步

你看这个up主为了能吃更多美食每天都锻炼……
所以我们也应该像他们一样，为了更好地享受生活照顾好健康……
所以你是不是……
应该鼓起勇气去看牙医??

欸？是吗？
你不是尖锐的问题！
你是尖锐的疼痛！

> 人生难免出现尖锐的问题，
> 逃得过就逃，这是我们的天性，
> 但逃不过的话，就处理吧。

阿昆的老同学最近一直来借钱，每次见面时，阿昆都觉得对方的眼神古怪，整个人都和以往不同。阿昆判断对方在吸毒，但这样问一方面很尖锐，一方面应该也得不到对方诚实的回答。

如果问题这么尖锐，可以试着把心里假设的事倒推回去两三步来问。比方说，阿昆假设对方在吸毒，倒推回去两三步：吸毒是因为不快乐吗？不快乐是因为离婚吗？如果阿昆是这样倒推的，那他可以先问对方："离婚以后，是不是过得很痛苦？"这个问题听起来很柔和，是朋友会问的问题，比较不像"你是在吸毒吗？"这种问题，太像审判者或警察问的问题，指责意味太强了。

如果阿昆的推论大体正确，他的老同学真的离婚以后心情很痛苦。为了逃避痛苦，躲进了吸毒的世界，那在这时再问到"所以你在吸毒吗？"这样的问题，对方就不会那么难以承受，他知道你是关心，而不是在审问。

说实话，如果你不是那种老是认为"我才是正常人""我才是社会的中坚"的人，就比较不会理所当然地永远用充满优越感的轻蔑态度去看待辍学的人、上瘾的人、脆弱的人，也就比较不会太粗鲁地直接质问别人某些尖锐的问题，而比较会采用谈话的方式来试着了解对方的处境。

另外，在公事上必须问出尖锐的问题时，我建议拿"抽象的第三方"来当替死鬼。

比方说，老板做出了很蠢的决定，你想提醒老板这个决定很蠢，你就可以把你要问的问题推给老板"比较没辙"的第三势力。例如："老板，全省的经销商他们叫我来请问您，如果您海报印这么大，他们要贴在哪里？"

我访问过一堆大官，当我要问这些大官某些尖锐的问

题，比方说贪污的传闻，性骚扰丑闻，等等，我也会抬出这种"第三势力"来提醒受访的大官，例如："您就任即将满三年了，媒体记者们在报道您的政绩时，恐怕也一定会提到，一直都没有得到您亲口澄清的，有关两年前的那则受贿事件的传闻……"

还有一种说法，可以尽量把对方听来刺耳的、有审判味道的字眼改成用一些"具体的陈述"，例如："蔡教授，同事都在传你的论文是抄袭的……"可以改成"蔡教授，我们收到这份英国的学术期刊，上面这篇论文跟你上个月发表的那篇，内容上重叠的部分，大概有五千字……"

虽然用字比较多，但也显得比较具体，不像是直接指责对方，而是要求对方就事论事。

问题也许尖锐，但并非出于恶意。什么都不问，放给它烂，让老板毫无准备地被全省经销商嘲笑，让教授在网络上被骂到狗血淋头完全溃不成军，让官员活在自己的世界里陶醉，像金鱼活在漂满自己排泄物的金鱼缸里面，一直吃进去再拉出来,这才是懒得管你去死的冷漠吧。

人生难免出现尖锐的问题,逃得过就逃,这是我们的天性,但逃不过的话,就处理吧。

16 适度地挑衅,能让谈话热络

你们觉得今天这道新菜
我做得怎么样呀？
爸
妈
哎呀！你们每次都说
好吃，真是的！提点建议！
妈
既然这样……
妈，你知道一个故事吗？
一个国王的女儿对自己的
父亲说我像爱盐一样爱你。
所以你说菜放得盐多好吃
还是盐少好吃呀？
妈
你的意思是
菜做淡了？
还是咸了？
你说清楚。
我保证不打你。
妈
欸？

这就对了。
妈
妈妈做的都好吃！

> 适度地挑衅，绝对能让谈话热络，因为每个人都希望自己的意见被重视、被探讨，而不是被一个完全没原则的人敷衍了事地点头称是应付过去。

安珮有个同学，是墙头草的化身，不管别人说什么，她都说好。明明是戴金镯子的欧巴桑，发疯穿了整套英国女王才穿的粉蓝套装加粉蓝帽子，她也称赞有品位；明明不该骑上人行道的脚踏车叮咚叫她让路，她也乖乖让路；明明就节奏慢到让人以为是放映机卡在定格上的大烂片，她也说其实还不错呀；明明就应该坐牢坐到就算头上长出灵芝来都不够久的大坏蛋，她也说得出其实也蛮可怜。

也许有人以为这种像鼻涕虫一样的滥好人是很好的谈话咖，因为她永远不会唱反调，应该跟谁都聊得来。事实上呢，根本没有人想跟她讲话。跟这样的人讲话，就像对着墙壁练习挥网球拍一样，如果你是想苦练"如何靠自己一个人完成一百场谈话"，那她倒是很好的练习对象。

16 适度地挑衅，能让谈话热络

你看每一年的奥斯卡颁奖典礼，台下前两排坐的全是好莱坞的风云人物，平常一呼百应、喊水会结冻。可是每年典礼的主持人一定会挑当年最红的两三位来开点恶作剧的小玩笑，说他们整形整到这场戏跟上场都不连戏了啦、离婚付的赡养费比演过最叫座的电影的票房还要高啦这类当事人苦笑但全场大乐的玩笑话，这时主持人尺度的拿捏确实微妙，但无论如何，奥斯卡是不会请一位对全场贵宾歌功颂德、唯命是从的人来主持的，因为那样典礼一定沉闷，像坐在网球场边看一个选手跟一面墙壁对打一样沉闷。

适度地挑衅，绝对能让谈话热络，因为每个人都希望自己的意见被重视、被探讨，而不是被一个完全没原则的人敷衍了事地点头称是应付过去。

"陌生的富豪向一对缺钱的年轻夫妻提出条件：一千万，丈夫把妻子让给富豪一个夜晚，接受还是不接受？"像这样的电影故事，大家讨论起来，就会显现每个人不同的个性、价值观；"世界末日来临时，有一艘救命的大船可以搭载

三十万人,你觉得凭你应该拿到一张上船的票吗?"

这些问题,如果真的要面对,实在很考验。还好愿意花一千万买一夜的富豪不易遇见;还好不必等到世界末日,人生也早已充满各种三灾六难,说不定拿到船票的那一刻,你马上心肌梗死呢!但这类很直接的问题很能激发大家参与。至于气氛是否愉快,会不会演变成太激烈的争论,那是要走着瞧的,但比起老是聊艺人的八卦或哪家店在打折,这类话题起码比较能够增进对自身以及对朋友想法的进一步了解。

有个小小的提醒,如果你很坚持你愿意为一千万出让尊夫人一夜,留神回府之后,尊夫人罚你睡沙发五夜。

17

不想交浅言深的话，应该避开地雷

这个口红也就试色图好看
……但是你擦起来真合适。
那裤子我可不敢穿……
但是你穿起来好看！
这个奶茶难……
好喝极了！
同款
我太难了！

> 我知道好友谈话，必须谈得深，才有意思。但这事急不得，等到交情够了，再深入地谈吧。

阿昆今天第一天上统计学的课，上一上，觉得教授长得很奇怪，又上一上，发现隔壁坐着的同学长得很漂亮。阿昆正想着要怎么跟这位漂亮同学搭讪，刚好下课铃响了。阿昆赶紧抓住机会，对漂亮同学露出白牙齿一笑，说："刚刚上统计学这个教授，长得好奇怪哦，整个人像马铃薯一样……"

漂亮同学看了看阿昆，说："他是我爸爸。"说完就拿起课本走了。

人生处处有地雷，如果你没有被炸到，那只是因为你还没有踩到，不是因为你那区这么好，都没地雷的。

在大人的社交圈里，有时连问候对方的另一半都变成高危险的问候语。因为婚姻或伴侣这些关系都挺脆弱的，随时会有变化。如果在一位女性濒临离婚时，问候她："你先生还

好吧？"不管这位女性是否坚韧不拔，总是件残忍的事。而且，更倒霉的是：你可能会非常无辜地从此变成这位女性眼中的讨厌鬼！她可能觉得你语带嘲讽，可能觉得你的语气是在可怜她，可能她觉得你知道了些什么她先生外遇的传闻，而再也不想见到你……

当然你是无辜的！但谁叫你要走进地雷区？你为什么不聊聊正在流行的电影（除非你真那么倒霉，正在流行的电影刚好又是讲外遇离婚）？

在这件事情上，请不要模仿我们这些访谈节目主持人的作风。我们做访谈时，常常在扮演谈话的探险者，我们的工作就是交浅言深，就是迈开大步在地雷区中奔窜，看看引发地雷时谁被炸到！这是观众看我们的原因，但这是表演，不是现实世界。

我们有主持人的工作身份做护身符，但一般人在生活中可没有这样的护身符。我们录完影以后，是可以斟酌剪辑、降低伤害的，但现实世界里一言既出，是没办法剪辑的。别人心里一旦对你有了芥蒂，化解起来总是要费一番工夫，何苦？

如果不想交浅言深的话，应该避开的地雷有哪些呢？

我的建议是：第一，对方很容易有苦衷的、不方便对不熟的人说的，比如财务状况、生什么病、感情状况、小孩的成绩等。第二，对方很容易有强硬立场的、谈起来容易起争执的，比方支持哪个政治人物、支持哪支球队、讨厌哪个明星、信哪个宗教、吃素的攻击吃肉的或者反过来吃肉的攻击吃素的等。

很多欧巴桑不尊重这些界线，动不动问人家为何还不结婚、还不生小孩、一个月赚多少钱、房子买在哪里。她们以为这样是跟人家熟络，但其实这就是她们会变成可怕的三姑六婆的原因：她们交浅，一年见不到一次面，但她们很爱言深！

我知道好友谈话，必须谈得深，才有意思。但这事急不得，等到交情够了，再深入地谈吧。电视上的访谈节目，应该打上警语："危险动作，请勿模仿！"

18 硬生生地报出数字，很难记住

这本书上说：和很熟的人也不要轻易聊起和数字有关的话题……

我们就很少聊呀，我们平常聊得都是这些……

还有聊这些，多开心呀！

虽然不是确切的数字，但是也能明白我们不仅胖了，还穷了。

生活离不开美食和变美——

> 阿昆如果对安珮自我介绍时，用了 *Beat It* 这一招，可以想象下次安珮和别人提到阿昆，或者是新闻又提到 *Beat It* 这首歌时，都会发挥联想的效果。

"阿昆，你是哪一年生的？"安珮问。

如果阿昆照平常那样回答他是哪一年生的，虽然未必不好，但毕竟就只是一个数字，除非刚好安珮对这个年份本来就很有印象，要不然，大概阿昆说过，安珮就忘了。

"阿昆，你是哪一年生的？"

"我出生那年，迈克尔·杰克逊出了那首 *Beat It*（《避开》）哦！"（顺便唱两句）

"真的！这首歌超棒的！"

"对啊，可惜歌红我不红！"

"哈哈，又不是你唱的！"

这当然是阿昆在高攀迈克尔·杰克逊，但反正高攀也不用交钱。不过要能说出这种话来，还是需要事先为自己做一

硬生生地报出数字，很难记住

点功课，而且要视讲话的对象而改变你高攀的对象。

如果阿昆是去一家人寿保险公司面试，面试的是满头白发的长者的话，那可能就不用 Beat It，倒是可以试试："我出生那年，竟然同一年有两位大明星过世呢！英格丽·褒曼和格蕾丝·凯利都是那年夏天死的！两个人只差了十六天！"（当然，这也很危险，可能白发长者还比较熟迈克尔·杰克逊一点也说不定。而且，面试时对长者说有人死掉这种事……不过，既然是人寿保险公司……）

反正啊，硬生生地报出数字是很难给人留下印象的。阿昆如果对安珮自我介绍时，用了 Beat It 这一招，可以想象下次安珮和别人提到阿昆，或者是新闻又提到 Beat It 这首歌时，都会发挥联想的效果。

这一招还可以避开一些讲出口会有点尴尬的答案。照礼貌来讲，就算很熟的人，也不见得可以任意聊起和对方收入数字有关的话题。但是，这是一个自作聪明者意识高涨的时代，自作聪明的人越来越理直气壮地活着。就算初次见面，直接问对方收入的状况也不再那么罕见了。

"那阿昆你一年可以赚多少钱啊？"

除了"关你屁事"之外，阿昆也可以用一些不算隐瞒，但也不太具体的回答。

"如果去迪拜住那家最贵的帆船旅馆，大概只够住一个礼拜吧……"

反正也没讲是住哪一级的房间，而且这种答案就像乌贼喷出的烟雾一样，也许可以混淆自作聪明的发问者的注意力，把话题转向旅行啦、住过哪些旅馆的趣事啦这些比较有趣的事情。另一方面，也可以顺便展现一点你的"国际视野"啦。

你可能会问我："我为什么要跟自作聪明的人聊有趣的事？"

我的回答是："那你就用'关你屁事'那四个字好了。"

19

打麻将就该用手洗牌,空当是很重要的

接下来工作安排是
1……
2……
3……
BOSS
这个会议开得就像
迫击炮一样突突突……
是啊……
就不能慢一点吗！
一点点说！这样一口气
灌过来谁能受得了！
对对……
搞得我都不想
工作了呢!!
……就算不这样，
你也会偷懒的好吧。
就算是投篮游戏
也有限时呢……

> 说话像机关枪而且很得意的人，也许可以试着把机关枪改成弓箭，拉弓——放箭，拉弓——放箭，留一点空当，让听的人消化，只要你的话值得一听，不用担心，对方一样会见识到你的威力的。

阿昆表面上喜欢看篮球赛，但实际上他更爱看中场休息时，穿很少的啦啦队辣妹们踢腿跳舞。对阿昆来说，篮球赛的空当比篮球赛更重要。

阿昆不算是怪咖，很多事都是这样，空当比较重要。

你看电视节目，播广告时你认为是空当，跑去上厕所。但对电视台来说、对制作人来说，被你当成空当的广告比节目本身重要多了。没有那些广告，就没钱做节目给大家看了。

对我爸爸这样的老派上海人来说，为了节省时间而发明的电动洗牌麻将桌，大概也会被认为是本末倒置的错误发明。因为每打一把牌，中间搓洗麻将牌的时间正好用来稍微谈一点正事。其实那一点点洗牌的时间，也只够随口探问一下对方对某件事的态度或进度，但这对我爸爸他们来说，似乎已经很够了，大概等四圈麻将的休息时间，或者晚饭前后再确认一下，事情就原则上讲定了。

所以，对我爸爸来说，打牌的输赢不重要，打牌的空当，输赢反而更大些。这应该是为什么他们喜欢说打麻将是去应酬，而不是去打牌的意思吧。

谈话、谈天其实也是一样，空当是很重要的。没有留下空当的说话者，连续讲三分钟就让听的人头痛死了，太阳穴会像黑道电影里被机关枪狂射的死尸不停原地弹跳。

你看电视上布道或传教的男女法师教主们，讲话都很抑扬顿挫，同时也都慢吞吞的，因为他们讲话的声音是一种精神上的按摩，有时轻、有时重、有时按摩一下你的理性，但大多时候按摩你的感性。

这些人说话，都会三不五时地留下一些空当。当他们提到妈妈养育小孩的辛苦时，一定会停顿一下，因为要让你有空当回想一下自己的妈妈，然后你会感觉像在跟他们聊天一样，自己就在心里默默点着头，默默说着："是啊……是啊……"

韩剧日剧里面，做出动人爱情告白的男女主角们，话都是说得断断续续、欲言又止的，才更显得柔肠百转、柳暗花明。你随便把他们任何一位的深情表白变成三倍速快转，全部立刻变成卡通人，韵味完全消失。

喋喋不休和口才好完全是两件事。跟一个寡言的人共处一小时，是会很沉闷，但跟一个喋喋不休的人共处十分钟，你应该就会想掐死对方了。说话像机关枪而且很得意的人，也许可以试着把机关枪改成弓箭，拉弓——放箭，拉弓——放箭，留一点空当，让听的人消化，只要你的话值得一听，不用担心，对方一样会见识到你的威力的。

20 想知道后来怎么了吗?——悬疑式说话

这个电视剧的反派啊
他先是这样那样……
后来呢？
妈
然后“砰”的一下！
他竟然
后来呢？
妈
所以反派的名字是啥，
我刚才说了，是谁？
后来……
妈
（完全没听）
?

被罚看3遍大结局。

> 大部分人心中都会充满问号，想知道后来怎么样了。

阿昆念中学时，有一天放学回家，竟然发现妈妈正在被一个高大的男人攻击，这个男人好像是阿昆妈妈的上司！阿昆情急之下，向这男人扑了过去，这男人被扑倒，后脑狠狠地撞上了大理石桌的桌角，死掉了。

阿昆的妈妈该怎么做呢？儿子是为了救自己，才意外杀了人的啊。难道要检举儿子杀了人，还是帮助儿子遮掩这个杀人事件？

这个妈妈到底后来怎么办了呢？

阿昆后来被发现他杀了人吗？

那个死掉的上司，都没有家人在找他？

大部分人心中都会充满问号，想知道后来怎么样了。

这是人之常情，人必须知道很多事情后来是怎么发展又怎么结束的，因为这就是人从原始时代开始，向同伴们学习生存之道的方法。

"我今天遇到一只牙齿这么尖、满身都是毛、比树还高的野兽！"穴居人小甲说。

"后来呢？"穴居人小乙赶快问。他最好知道小甲是怎么应付这个局面才活下来的，以备下次他自己遇到这类野兽的时候，他才知道该怎么做。

勾引别人继续听你说话，很像连续剧勾引观众继续看下去用的招式：连续剧每次演了一段，要进广告之前，就会让剧中人忽然做个什么动作，比方说男主角赏女主角一记耳光，进广告；或者女主角把盘起来的头发松开，说"这一个月，你都没发现我真实的身份？"，进广告。

人类有时候真是单纯到让人晕倒的动物，从穴居时代开始，一直到二十一世纪，真的已经很难没事会在马路上遇到一只"比树还高的野兽"了，但大家还是忍不住要知道——"后来呢？"

要练习这种悬疑式说话，其实很方便，只要你跟朋友转述一件事的时候，每讲个几句，就稍稍停一下，看你朋友会不会问："然后哩？""后来呢？"如果有这样追问，就表示你叙述事情的方法是吸引人的，但如果你停顿一下，你朋友却想都不想，就把话题转去别的地方，那就表示你讲得很没意思，使得对方一点也不在乎后来发生了什么事。你可以找机会改个方法，把同一件事用别的顺序再讲一遍，看你朋友这次会不会问："后来呢？"

我认得一个人，他本来坐办公室，一个月的薪水大概两万块，可是他后来就开始练习，把生活中的大事小事都尽量讲得很吸引人。结果他渐渐转行去网络上卖地方特产了，你知道他转行做这个之后每个月赚多少钱吗？

嗯，也许你很想知道答案，但这件事嘛，我暂时先说到这里就好了。后来怎么了，等以后再说吧。

21

把故事爆点藏在太后面,很容易让故事废了

推销在我这里是行不通的!

他说了那么一大顿不就是为了卖给我那么点东西吗?

提前看透结局就不是问题!

那你昨天为什么要买那个面膜呢?

因为他上来就说:谁用谁就是小仙女啊!!!

买

推销员一定是最擅长讲故事的人之一……

> 石头和白水，能够煮成好喝得要命的汤？两个手掌大的画，就能卖几百万？这些就是很多人爱说的，故事的高潮、故事的爆点。

阿昆先说一个故事给安珮听。

"美人鱼爱上了人类的王子，她很想到陆地上去找王子，就跑去找海底的女巫，要女巫把她的鱼尾巴变成一双可以在陆地上行走的腿。"

"后来呢？"安珮问。

这是阿昆讲的故事，他的悬疑是："后来发生了什么事？"

轮到安珮讲个故事给阿昆听。

"又穷又饿的老婆婆，路过一个全村人都非常小气的村子，老婆婆请村民随便给点吃的，村民却把吃的都赶快藏起来，不给她吃。老婆婆没办法就在路边捡了一堆小石头，把石头加在水里面，煮汤。结果呢，老婆婆竟然煮出一锅全村人从来没喝过的、有史以来最好喝的汤！"

"怎么会这样？"阿昆问。

这是安珮讲的故事，她的故事的悬疑不是"什么"，而是"怎么"。

悬疑有很多种，不见得是让别人问"后来呢？"才叫悬疑。我有一次，必须在节目里介绍画家常玉的生平。我知道很多观众没听过常玉，而且很多人觉得画家这种人距离我们的日常生活很遥远。

我判断，如果节目一开始，我说："常玉年轻的时候就很想到外国去学画，他家里当时还算有钱，就花钱把他送去巴黎……"当我说到这里时，大部分观众不会兴致勃勃地问："后来呢？常玉去了巴黎以后，发生了什么事？"观众大概只会想："常玉是谁呀？我听都没听过。"然后就拿起遥控器转到别台去了。

所以我就把说故事的顺序改了一下。节目一开始，我就拿起一本常玉的传记，说："我手上这本书，大概只比鼠标垫大一点点，但这么小的面积，如果上面是常玉的油画，那

21

把故事爆点藏在太后面，很容易让故事废了

么，它现在的市场价格大概是新台币三百万到六百万元。"用这种"称斤论两"的方式来做常玉生平故事的开场，肯定会被很多爱艺术的人认为庸俗极了。但不可否认的是，我留住了很多听都没听过常玉名字的观众，他们可能觉得艺术不关他们的事，但他们会觉得这么小张的帆布加上油彩，能换成几百万的钱，这事可以听一下。

石头和白水，能够煮成好喝得要命的汤？两个手掌大的画，就能卖几百万？这些就是很多人爱说的，故事的高潮、故事的爆点。

你如果习惯把爆点藏在故事的很后面，可能听你说话的人熬不了那么久，就纷纷去上厕所了。

如果有兴趣练习这种说话方法，可以看看报纸或网络上的新闻都喜欢用什么样的标题来吸引读者把整则新闻看完。通常标题就是整则新闻的爆点，下标题的人并不担心读者看了标题，就不看新闻了，他们下标题的技巧就是要让读者好

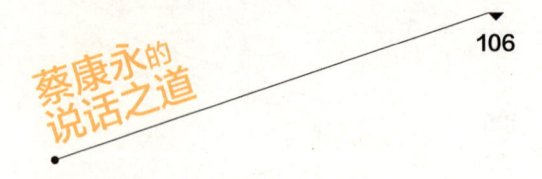

奇:"怎么会这样?!这个大人物怎么会劈腿?!这个女星怎么会怀孕?!这个富豪怎么会破产?!这个大官怎么会被关?!"

我如果把现在你手上这本书用塑料膜封起来,上面贴一个大大的贴纸,写着:"这本书只卖给明年运气很好的人。"也许你就会想把这本书拿到结账的柜台去,试试看书店卖不卖给你。

书店的人怎么可能知道我明年运气好不好?你很好奇"怎么会",于是你真的拿了这本书去柜台结账……

如果你这样做的话,哈哈,我很谢谢你的捧场,也相信你明年一定运气很好哦。

22

幽默像走路，讲笑话像翻跟斗

接下来这个文件……
好的，大概是……
震惊！女子捡到了……
等下领导要……
麻烦给我……的数据
不得不点开！一定让你笑破肚皮……
等下要交的文档……
你！们！为！什！么！不！理！我！
现在在上班啊……
那个那么好笑！你们干吗不看！
工作很忙好吗……

点击就看！
不得不看的××个视频！
BOSS
领导的视线最可怕！

> 讲话幽默的人就像走路好看的人，你跟他走在一起，会觉得很平常的走路也是赏心乐事。而讲笑话比较像翻跟斗，翻得好不好姑且不说，但其实很少人喜欢跟一个没事就翻跟斗的人一起走路的。

"阿拉伯数字0在逛街，迎面遇到也在逛街的阿拉伯数字8，擦肩而过的时候，数字0忍不住哼了一声，说：'胖就胖嘛，干吗把腰带系那么紧！'"

这个笑话是阿昆很喜欢的笑话，每次说的时候，在座的人也都会笑。如果阿昆说完这个笑话的时候，另外有人接着说："真的啦，我们上学期的生物老师真的很爱把腰带勒在大肚子的正中间哦……"

如果谈话这样发展，那阿昆说的这个笑话就算是发挥了带动话题的功能，可是，很多笑话并不能带动话题哦。不但不能带动话题，有时还会停止话题。不信的话，你下次试试看在热络的谈话中，硬生生插进去一个笑话，看看会不会中断热络的气氛。

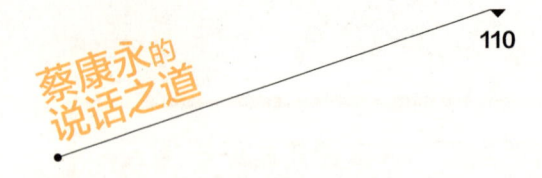

比方说，大家正在讨论奥斯卡典礼上女明星谁穿得最漂亮，有人说安妮·海瑟薇，有人说娜塔莉·波特曼，这时你忽然想起一个笑话，唯恐忘记，赶快开口："我问你们，我问你们，世界上哪一种鸡跑得最慢？"这时大家只好停下来，礼貌地猜几种鸡，配合一下，然后你宣布答案："是妮可鸡，因为妮可·基德曼！哈哈哈……"我想你应该有九成的机会，让原本热络的谈话立刻冷却下来。

请试着了解：幽默感跟笑话是两件事。

有的人讲话很有趣，很吸引人，却很少讲什么现成的笑话。就像很会煮菜的人，不会把罐头浓汤热一热就端给你喝，还期望你说"真好喝"。

笑话不是万灵丹，谈话中一定需要万灵丹的话，有趣的故事应该会比笑话有效果得多。

我朋友中，有几位异地来客，他们很少讲罐头笑话，但常常讲起一些因为文化差异而造成的好笑的事。每次讲出来，都让谈话变得更活泼，比方他们说："我们刚到台湾时受到影响，学了些一般流行的礼俗。有次，有个人家里一位老人过世，我们就学着台湾的葬礼，在灵前点了两根白蜡烛。可是家里的小朋友没看过葬礼点蜡烛的，一看到那两根白蜡烛，现场的小朋友都赶快拍着手开始唱：'祝你生日快乐……祝你生日快乐……'"

这样的故事会带动大家都讲些在葬礼中的糗事，或者是去异地做客时遇到的趣事，因为是很生活的故事，而不是大家都不知道怎么接话的罐头笑话，当然就比较能引起谈话众人参与的兴趣。

讲话幽默的人就像走路好看的人，你跟他走在一起，会觉得很平常的走路也是赏心乐事。而讲笑话比较像翻跟斗，翻得好不好姑且不说，但其实很少人喜欢跟一个没事就翻跟斗的人一起走路的。

23 完全不必担心问题没深度

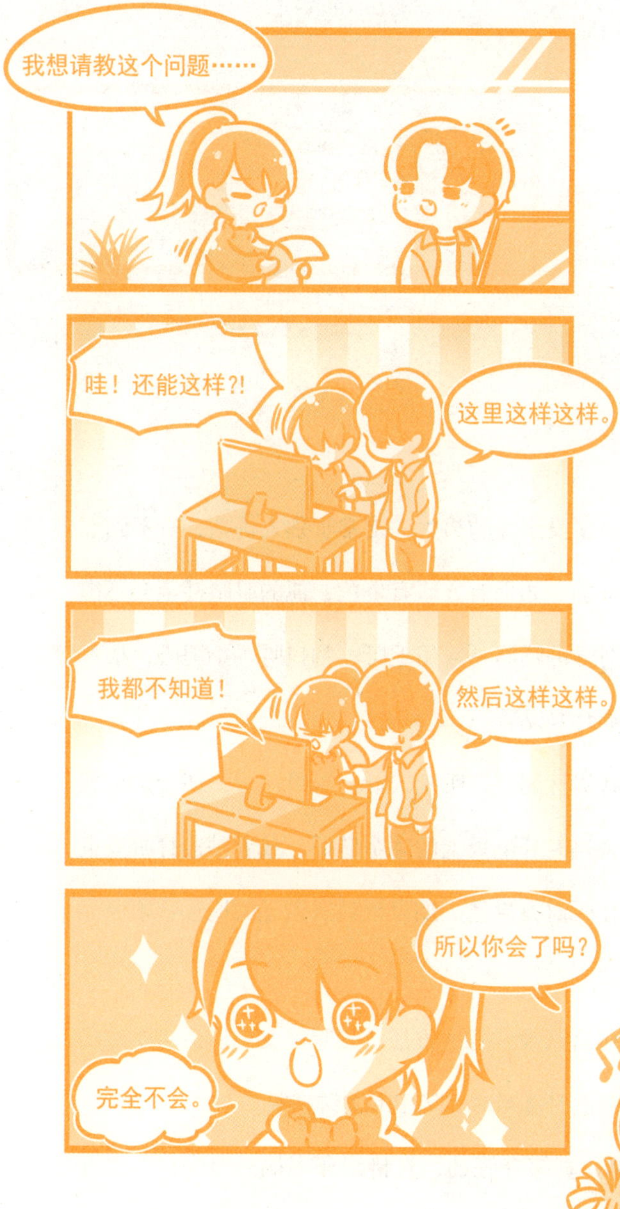

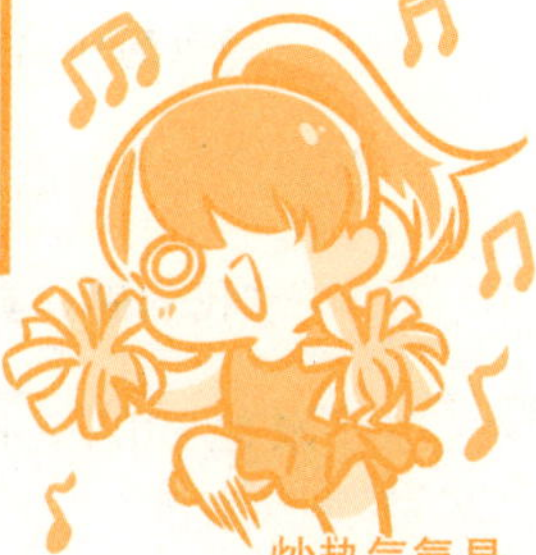

炒热气氛是
超级在行。

> 你不必假装有深度，
> 只要懂得欣赏别人的深度，
> 已经是一种美德了。

阿昆像很多没耐性的男生，常常听别人讲话，听不到五分钟就开始恍神。如果对方略有姿色，他的眼睛甚至会不由自主地飘向对方的嘴唇呀、眉毛呀、胸口呀、小腿呀，根本没办法专心听对方说话。

阿昆有些男性朋友，听别人说话时更过分，还会敷衍到连眼睛都不舍得离开电视上的球赛转播，或者是边打游戏也懒得边假装在听对方讲话。如果说话的人是女朋友，很容易因此而发火。

如果想用这么没诚意的方法"倾听"女友讲话，我建议你起码要学会适时重复对方句中的关键字眼。

"我们副总真够夸张的，直接跟秘书搞外遇呢！"关键字眼有这几个：副总、秘书、外遇。

虽然你眼睛仍注视着荧幕，但如果你能够用真诚的语气接话：

"你们副总？"

或者："跟秘书？"

或者："外遇哦？"

那都是可以过关的接话，女友都会觉得你感兴趣，会继续往下讲。

这并不费神，又不是要你舍弃球赛，关掉计算机，专注地听她讲话。你只要略分一点听力，勉强抓到几个比较具体的字眼，就可以交差了，何乐而不为？

另外，有些人认为一直保持谈话的热度很难，我的建议是：完全不必担心问题的深度，一律问大白话就可以！

最棒的问句、最可能激发对方继续说下去的问句，多半是这些："为什么？""怎么会？""真的哦？""我都不知道呢？""那怎么办？""后来呢？""原来是这样！"

不信你试试，话题再怎么高深，这些问句都够用的。

"他的物理学论文根本是抄的，竟然还被表扬！""怎么

会这样?"

"冰岛这个国家,竟然破产过!""怎么会这样?"

"你知道诺贝尔奖的评选过程有多麻烦!""真的哦?怎么会这样?"

"这下好啦,美国这场仗,根本打不完啦!""真的哦?怎么会这样?"

如果你对这话题实在不感兴趣,只是为了让谈话流畅地继续下去,那这些问句应该够用的。

就算你很感兴趣,真心地想听对方把来龙去脉好好地分析给你听,这些问句还是够用的。

我有时在电视上看见某些主持人用比较高深的字眼访问对方,得到的答案也没有比较好。每个说话的人,都需要从听话的那一方收到鼓励,才会更放开来往下说。只要你的反应是一种鼓励,显示了足够的热情,那么不管对方是多有地位、多有深度的人,都会很受鼓舞,继续往下说的。

你不必假装有深度,只要懂得欣赏别人的深度,已经是一种美德了。

24

带来
惊叹号,
就会留下
深刻的印象

昨天，同事说我 所以—— 要变得不同！
每天都一样。

工作中我是焦点！
头发太重不能低头
只能吸面条……

今天的我——
吸引了全部目光！

她为什么要做一个
便便发型上班？

炫耀自己头发多吧。

第二天又换了个发型

> 当所有人都照本宣科的时候，确实谁能带来惊叹号，谁就会给大家留下深刻的印象，虽然未必是好印象，但似乎比起完全被忽视，还是比较好的事吧。

阿昆被时尚圈的朋友拉去看服装秀，每套衣服都好厉害，每个模特都好高好瘦，每个人的发型都好夸张。看了前十套，阿昆已经麻痹了，对他这个外行人来说，就是眼花缭乱、目不暇接。又过了五分钟，阿昆忍不住小小打了个哈欠，赶紧用节目单遮住嘴巴，以免失礼，但其实阿昆已经想出去走走，活动活动筋骨了。

就在这时，有个顶着巨大鸟窝般红发的女模忽然滑了一大跤，跌倒在台上，观众还尽量保持镇定，可是祸不单行，这位倒霉的女模特挣扎着要爬起来继续走秀时，却不幸踩到自己的裙摆，这下可好，一挺身站起来，上衣竟然因此扯落，露出了胸贴。这下观众实在忍不住地"哗"了起来，只见这位女模狼狈地拉起衣服，赶快退到后台去了。

等到整场服装秀结束，阿昆跟朋友们去吃消夜，几个人都在聊这位滑跤出糗的女模。明明她就不是当晚最出色的模特，可是大家实在忍不住一直聊她，她的名字被记得了，她的脸也马上登上了深夜的网络新闻画面。

现在大家对这样的事，可能都会猜疑是有计划的失误，猜疑是"博出位"。可是老实说，不管是不是故意博出位，当所有人都照本宣科的时候，确实谁能带来惊叹号，谁就会给大家留下深刻的印象，虽然未必是好印象，但似乎比起完全被忽视，还是比较好的事吧。

当然，这就牵涉到你犯的失误是不是既有效果又无伤大雅。比方说歌唱比赛，高跟鞋的鞋跟卡在舞台的缝隙里，但还是把歌唱完，这应该就比顺利但平庸唱完歌的人要令人印象深刻。可是如果是大破音，那虽然是很大一个惊叹号，但歌唱比赛的成绩就毁了。

在陌生的场合，自我介绍的时候，如果因为很紧张，把期望的月薪说错，想讲"我希望月薪能有四万块"，却说成

带来惊叹号，就会留下深刻的印象

"我希望月薪能有四十万"，面试官应该会因为诧异而和你多聊两句，并且比较会记得你吧。

这种事似乎强求不得，因为如果用演的，必须演得很自然。可是，如果设身处地地替听的人想一下，马上会明白，用令人厌倦的方式说话，绝不会是优点。

设计一下自己的台词，与其说"我是某某年从大学毕业的"，一定没人记得住，但如果说"我毕业那年，《阿凡达》刚上映，很轰动，我们全班的毕业大头照都做成了蓝色的纳美人的样子"，对方一定比较记得住你何时毕业、念哪所大学、什么科系这些事的。

我有一年主持金马奖典礼的时候，颁奖人曾志伟为了逗影星吴君如，还没拆开得奖人信封，就把信封给撕了，把碎片撒在台上，直接宣布得奖人是吴君如的另一半——陈可辛导演。当时同为颁奖人的吴君如愣住，我看看觉得这场面需要收拾一下，就从主持人所在的舞台这一端一路跑去颁奖人那一端，蹲在地上翻检碎片，找到一片碎纸，上面有个陈可辛导演的电影《如果·爱》的"爱"字，我想一下，其他入围电影的片名都没有"爱"字，就根据这个"爱"字向全场确认了得奖人是陈可辛没错。

果然曾志伟这个豪气又令人意外的动作成了次日报道的重点，大家都觉得很有趣，这是娱乐界大哥的胆识，玩得好就很出众，玩不好也可能会尴尬的。

25

交谈不是有奖金的竞赛,别急着抢答

我最近补了之前超热门的网剧！
你才看啊？
我最喜欢男二啦！他真的好帅……
忍住！不能剧透！不能打断她的兴致！
哦——
你肯定看完了，给我讲一点后面的剧情吧！
啊，那我就说了……
他最后死了。
?

> 在高手面前，装懂是没用的，只会自暴其短。最好就是珍惜遇到高手的机会，好好把道理听懂。生活又不是有奖金的抢答竞赛，请问你一直抢答做什么呢？

阿昆的舅舅很爱聊天，可是老是记不得名字，每次舅舅在聊得起劲时，就会出现"跳针"。

"上次碰到那个女的，长得真是像那个明星啊，就是那个……那个演那部……那部电影叫……叫什么……就是那部，有鬼爬出来的那部……她长得真的很像那部有鬼的那部叫什么的电影的女主角，那个女主角叫什么……哎呀，想不起来，反正那个女的就简直长得跟那个女的一模一样……"

阿昆已经习惯了舅舅这种不知所云的发言，有几次看舅舅想不起名字来那个痛苦的样子，也会想帮着想一想，但十次有九次帮不上，只是增加彼此的痛苦，所以后来渐渐阿昆也就不想多忙了。

其实这时候是说话的人最愿意被别人帮忙的时候，这种时候阿昆如果能替舅舅说出人名和片名，舅舅一定舒服得像是有人帮他掏出了大块耳屎一样。

但是，除了这样的时刻，在其他时候，说话的人并不喜欢被别人"帮忙"。比方说，一个正常的说冷笑话的过程，应该是这样的：

"在所有的卡通人物当中，谁最容易跟王菲借到钱？"

"谁啊？米老鼠吗？"

"是樱桃小丸子吗，还是加菲猫？"

"不对不对，告诉你们吧：是小熊维尼！"

"为什么？为什么是小熊维尼？"

"你没听到王菲都这样唱吗？'我愿意维尼，我愿意维尼……'，她当然最愿意借钱给维尼啦！"

这个冷笑话这样算是顺利讲完，而且听的人都很配合，随便猜了些迪士尼或者其他动漫人物的名字，帮助了讲笑话的气氛。

如果有不识相的扫兴鬼，就会在说冷笑话的人一开口

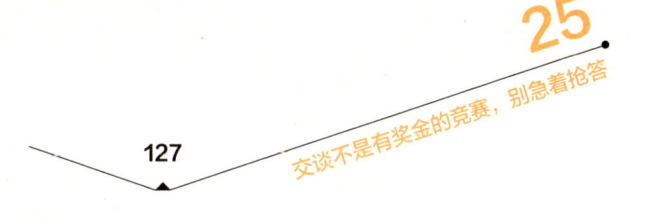

时，就说："我知道！是维尼！（接着唱）我愿意维尼，我愿意维尼……"毁了这个笑话，让讲的人下不了台。

症状比较轻微的，是有一路很怕别人觉得自己不懂的人，明明是他来问你问题，但你才说没两句，他就要自作聪明地帮你下结论：

"像国际的热钱这样忽然涌进股市，买股票的散户就应该……"

"应该设定停损点！"他抢答。

其实你根本不是要说设定停损点的事，但为了他的面子，你也只好多费点力，敷衍他一下，再把话拉回正轨。

但这样的事发生三次以后，说话的人就会不耐烦了。"这人根本不懂装懂，东拉西扯的，真麻烦！"他对你的印象当然不可能好了。

在高手面前，装懂是没用的，只会自暴其短。最好就是珍惜遇到高手的机会，好好把道理听懂。生活又不是有奖金的抢答竞赛，请问你一直抢答做什么呢？

26
初次见面，应该说什么？

您好？请问您的名字是？
很高兴认识你。请问您是……？
我也很高兴。您是？
您的名字是？
这杯酒很好。请问您是？
您的名字是？
您的名字是？
他们好累哦。

我是柠檬片。
我是玫瑰花。小姐您的名字是？

> 只要对方初次见面时报了名字,你就应该也报上你的名字,即使对方是国家元首,只要她和安珮握手时说了:"你好,我是伊丽莎白一世。"安珮就应该回答:"很荣幸见到女王,我叫安珮。"

安珮从念大学开始,就发现她很多同学跟别人初次见面,大都会打招呼,也会笑,但就是不会主动报上名字。安珮搞不懂这件事,有次忍不住问了。

"嘿,你好,我是安珮。"

"你好。"对方果然没有报上名字。

"那请问你怎么称呼?"安珮耐着性子追问一句。

"我不能跟你说,你就叫我'喂'就好了。"

安珮非常讶异:"为什么不能跟我说?"

"因为我妈说,如果随便和别人说自己的名字,可能会被鬼抓走!"

哇!真是很强的家教啊!就算爱因斯坦再世,也不能证明这事绝对不会发生。

所以，如果你这么担心被鬼抓走的话，我非常同意你永远都不要随便把你的名字告诉别人。哦，对了，还有，如果哪天你真的被鬼抓走的时候，请务必拍下来寄给我们制作人，我们节目愿意播十次。

反言之，如果并不担心被鬼抓走的话，请你反问你自己，你有没有主动报上名字的礼貌。如果没有，原因是什么？是害羞名字太老土，还是担心说了，对方会生气地大骂："你干吗跟我说你的名字啦？"

如果真的担心对方位阶太高，你报名字会打扰到对方，那我建议你起码要做到平等互报。也就是说，只要对方初次见面时报了名字，你就应该也报上你的名字，即使对方是国家元首，只要她和安珮握手时说了："你好，我是伊丽莎白一世。"安珮就应该回答："很荣幸见到女王，我叫安珮。"

逼得对方必须补充多问一句："请问我该如何称呼你？"这才是麻烦对方吧。

以上说的初次见面，是在光天化日之下。那如果是在灯红酒绿的夜店里呢？

即使在夜店，我还是觉得报上名字是很大方的做法（除非你报的是假名，再加上给对方殡仪馆的电话号码）。不过，夜店嘛，有人醉、有人欲火焚身、有人已经玩得太"高"、有人开口想报上名字却吐得你一身，所以，夜店的初次见面，就不要强求什么标准程序了啦。

至于类似跟网友的这种初次见面，我建议是可以发挥一点侦探的推理常识，看看对方是以什么发型、穿着出现在你面前，是约在马路边，还是可以坐久一点的咖啡店，还是很容易找到借口脱身的大书店？

当然对方见到你本人之后，态度可能会起变化，地点也可能转移，但起码你会对这个人的心态掌握得多一点，也比较好拿捏自己该表现的态度。

如果初次见面就约在会吃到油汗满脸的羊肉炉摊位上，那我想对方应该就只是饿了。

你也就不用多想，顺势多吃一些吧。

27

赞赏,观察对方最渴望认可的地方

我觉得今天我的发型是不是不太好……
没有吧？欸？你这个发饰很好看啊。
我最近没有休息好，所以稍微化了点妆，但是不太会……
不会呀，今天的妆容很适合你！
这件衣服是双十一新买的！第一次穿有点害羞……
给我店铺！太好看了！
夸我，继续，不要停！

您最美！
您最美！
您最美！

> 东张西望就能看到的东西，当然就是对方愿意让别人看到的东西，可能也是他渴望被人提到或问起的东西。

安珮有个同事，嘴超甜，需要讨好对方的时候，再瞎的话也说得出口。上司的头发明明烫得像欧巴桑，他也能称赞上司像欧洲古堡走出来的公主；老板明明胖到电梯都快进不去，他也能说他要拜托老板指导他怎么健身，才能保持这么英挺的身材。

但安珮注意到，上司或老板被她同事这样鬼扯式地称赞时，常常笑得很尴尬。这些人能够做到上司和老板，应该是有基本智商的人，要他们相信太离谱的赞美，有点强人所难。

要怎么样才能判断出对方想听到什么样的赞美呢？走进一位老师的办公室，或者走进一位贵妇的客厅，应该都可以发现不少线索的。

桌上相框里或者计算机的桌面展示着什么样的照片，通常是最明确的线索。如果放着他和高官巨贾的合照，那你应该可以赞美他的人脉之广，什么都搞得定；如果照片是他跟亲爱的子女，那你自然应该问候他的宝贝子女们安好，并且盛赞他家的公子、千金们看起来好优秀好聪明之类。

东张西望就能看到的东西，当然就是对方愿意让别人看到的东西，可能也是他渴望被人提到或问起的东西。要是见不得人的东西，像情趣用品或赃款赃物之类的，请放心，对方绝对藏得好好的。

日本出版圈的大人物见城彻，说他做编辑时有一个绝招，就是称赞大牌作家时，都会努力称赞到那位作家最渴望被人称赞的那部分。他说只要能做到这一点，那个大牌作家就会忘不了你。

要做到这一点嘛，推理能力就很重要了。演艺圈很多外形出色的人整天听别人称赞他们漂亮，多少会听习惯，虽然应该还是会高兴（总比被别人说丑来得高兴吧），但他们做的某些事一定有透露出他们想被称赞的那块、他们很缺乏自信的部分。一个大美女会去演脸烂掉的女鬼、一个话都说不清楚的偶像却挑战饶舌歌曲、明明是歌坛天王却去跑马拉松、明明是身材完美的女星却愿意为了演老鸨增胖十五公斤……

所以说，线索其实很多，只待有心人去观察，观察清楚再出手，骂他或赞他，都会让他刻骨铭心，对你另眼相看。

28
自问自答，站在对方的立场来想

嘿，你——
他要说什么？
跟我借钱？
还是让我加班？
还是想让我去参加他
第n个亲戚的n个孩子
的生日宴会???

我只是想问问订奶茶
要什么口味，怎么就
晕过去了这人……

> 透过这样的自问自答，
> 你正在训练自己站在对方的立场来想的能力。

安珮周末不想值班，想出去玩。

安珮想到就开口了，结果就被打枪。

安珮跟同事说："周末你帮我值班好不好？"

同事说："不行啦，我有事。"

安珮被打枪。

安珮开口前，为什么没有先想一想？嗯，可能因为想一想很麻烦，不要想比较轻松。可惜她享受了这三秒的轻松，结果她整个周末的轻松就泡汤了。

"周末你帮我值班好不好？"这是在交涉事情，虽然是小事，但仍是在交涉，性质跟"贵国明年起必须每年从我国购买三十架飞机"是一样的事。

国际贸易的谈判，双方一定会先各自演练一番，才会比较知道谈判的底线要定在哪里。安珮如果真的希望同事可以代替自己值班,其实也可以预先演练一下。

电影里面,演到一个男生要第一次对一个女生开口,邀她一起出去玩时,常会出现这个男生在家里演练的画面。他一人分饰二角,自问自答,神经兮兮的,看电影的观众就笑了。这是有点好笑,但很有用,因为透过这样的自问自答,你正在训练自己站在对方的立场来想的能力。

"周末你帮我值班好不好?下个月换我帮你。"多加这一句的人就是有先想过对方立场的人。当然,同事可能还是会回答:"不行啦,我有事。"但起码你不会显得像是一个完全以自我为中心的讨厌鬼。

如果演练之后,发现对方会有哪些招数,结果就设下阴险的陷阱,让对方无路可退,这样可以吗?

"这个周末你有没有事呀?"安珮很愉悦地问同事,害同事以为安珮要相约一起出去玩。

"我没事呀。"同事回答。

"那拜托你帮我值班好不好？下个月换我帮你。"

嗯，安珮大概会成功，因为同事掉进她的陷阱了。但同事可能会不再像以前那样把安珮当可能的朋友看待，这是安珮在人际关系上付出的代价。下次如果账目上出了小问题，同事可能会在背后捅她一刀，反正没有要做朋友的打算了。

但起码以单次交涉的成败来看，安珮是成功地请对方代班了。

被借钱借怕了的人，都会从交涉经验中学习如何应对别人来借钱。

"请你借我十万。"

"我的钱都交给我妈妈管呢。"

"请你借我十万，我太太生病了。"

"真糟糕，那我借你两万吧，我只有两万能借你，我所有钱都是交给我妈妈在管的。"

"我妈妈在管"大概是很好用的说法，足以对抗"我太太生病了"这种重量级的理由。

自问自答，站在对方的立场来想

借到这两万的人，也许会因为你用"妈妈管"的说法来搪塞，而因此借到的这两万就再也不还你了。人跟人之间是有一本账，只是每个人计算的方式不同啊。

29

在台上,把人当西瓜就糟了

哇……交流会好多人
我现在腿已经抖了！
书上说当西瓜是行不通的，应该怎么办呢……西瓜不行那就……换个能行的？
这位的发言很有魄力！
眼神也很锐利！
语速惊人！
有种饿虎扑食的感觉！
当成鸡腿也不行！反面教材！

> 演讲的人要设身处地地以台下观众的立场来想，这才是演讲最有用的原则。

　　阿昆被公司指定在员工训练大会上做十五分钟的演讲，台下听讲的会有长官，还有三百名新进员工。

　　阿昆隐约记得，有前辈指导过：如果上台演讲会紧张，就把台下的人都想成是一颗一颗的西瓜就好了。

　　阿昆决定采用这一招来降低自己初次在公司大会上演讲的紧张。他上台以后，一心催眠自己"西瓜，台下的都是西瓜"。结果，很不幸的，他自我催眠十秒后，一睁眼，眼神刚好和坐在第一排的总经理对上！阿昆吃了一惊，很明显那不是一颗西瓜，就算是西瓜，也是修炼千年的西瓜，两个眼睛瞪得比龙眼还大！这下催眠效果烟消云散，阿昆结结巴巴、似笑非笑、要哭不哭地开始他的演讲。等他终于讲完，他才发现他的上司真的很像西瓜精了，脸绿绿的，绿中又透出一股压不下去的血红色!

演讲动人的人怎么可能把台下的听众当作西瓜呢？教堂里的牧师，竞选时踩在箱子上用扩音器大声疾呼的候选人，直销大会的讲师，学校最受欢迎的教授……他们谁会天真到把台下听讲的人当成西瓜呢？

除非是爱西瓜爱到发狂的，比方说烈日下被晒到快脱水的……猴子好了，才会对一排一排的西瓜慷慨激昂、声泪俱下吧？

演讲的人要设身处地地以台下观众的立场来想，这才是演讲最有用的原则。

例如，他们是被学校逼着，在寒风中站着发抖听你演讲的应届毕业生吗？他们是一群刚吃完中饭，昏昏欲睡的企业家吗？是一群比较爱听八卦但迫于社交原因才来听你讲解《红楼梦》的贵妇，还是一群被病痛所苦的病人？

人能够集中精神听事情的单位，每单位最多大概只有十五分钟。也就是说，在十五分钟之内，对方如果能听进去一件你要告诉他的事（只有一件哦！），剩下的十三分钟或十二分钟，他可以听些不要紧的闲话、扯淡、八卦，你问我答之类的。这样过了十五分钟后，你可以再开始讲下一件事，浓度也请继续保持如此，每十五分钟试着只讲清楚一件事。

而如果你是演讲一小时，也不必硬邦邦地把六十分钟除以十五分钟，然后认定你的听众就一定可以记住四件事。

依据我的经验，一场演讲或者一集节目能让人记住三件事已经是非常好的内容了。剩下的时间，你就是逗听众开心，勾起他们的兴趣，调查他们的星座，或者从他们之中找几位看起来人缘很好的人站起来和你玩些问答或猜谜游戏。

不管他是自己花钱买票，还是被老师逼着来听你演讲，只要你体谅听讲者容易恍神，给他一些乐趣以及两到三样有用的信息，他就会觉得你是个非常好的演讲者，下次还会乐意听到你的演讲。

不要任性地把别人当西瓜，当心西瓜们联合起来把你当成南瓜啊。

30

乐在其中，跟长辈"凑趣"

乖孙女，奶奶我最近
也赶时髦耍起了那叫
啥子来着……微信。
嗯……现在大家
都在用呢……
你看这些，是
我最近看的文章，
我觉得很好用……
哇——
等下要悄悄地给奶奶
清理一下不必要的……
昨天发你的保健
小常识你做了吗？
做啦——
奶奶这么开心
真的太好啦！

> 只要你愿意，对顾客凑趣、对上司凑趣、对长辈凑趣，都不难。难只难在，你有没有乐在其中而已。

安珮有个朋友，虽然外形只有中等，在交男朋友上面，却有独到的功夫：她很搞得定男朋友家里的长辈。她的工作是百货公司的专柜小姐，她很懂得凑趣。

男朋友的妈妈在剥豆子，或者剥虾仁，或者看韩剧，或者在用按摩器按摩肩膀，她都会很在乎地东问西问。有的妈妈是爱抱怨的，喜欢说"现在爬一层楼梯就好喘""去年的衣服，今年竟然穿起来会太紧"这些事；有的妈妈是爱教导的，喜欢说"这种鱼一定要这样切""我跟他们杀价的时候啊，一定会先把钞票从皮包拿出来，拿在手上"这些事。

这些话，其实都很容易"凑趣"的啊。只要你愿意，对顾客凑趣、对上司凑趣、对长辈凑趣，都不难。难只难在，你有没有乐在其中而已。

我们说很会做主人，很会款待宾客的人，常常能做到"宾主尽欢"。

说实话，我不太相信"宾主尽欢"这四个字。宾客玩得很尽兴的时候，主人往往累得半死，哪里还"欢"得起来？但一个称职的主人，会觉得"宾主尽欢"，是因为她款待客人，看到客人尽兴时，她也就乐在其中，觉得很有成就感。作为宾和作为主的"欢"，是不同的"欢"吧。

如果一个做主人的人，懂得调整自己的心态，懂得以宾客的乐趣为乐趣，那么，一个做晚辈的人一定也可以对他的长辈调整心态，以长辈的乐趣为乐趣。一旦调整成功，你会发现，凑趣地陪他们说话，即使那个内容你已经听过了八九遍，也还是很轻松就能完成的事。比起你为了凑长官的趣，必须早上六点起床，去陪打你并不爱打的高尔夫；或者为了凑客人的趣，必须熬夜喝酒喝到吐。这样一比，听重复的老故事起码不伤身啊。

当然，对长官凑趣，也许能升官；对客户凑趣，也许能拿到订单；那对长辈凑趣呢？我看也未必没有好处吧。

第一，将来长辈不在时，回想自己有陪长辈说话，会安心很多。

第二，常听上了年纪的人讲话，很有看《泰坦尼克号》的效果，会觉得人生海海，不过如此，比较容易豁达。

第三，长辈的故事里偶尔还是藏着一些人生经验，会启发你获得解决问题的灵感。

第四，说不定长辈会分你遗产哩！（喂喂！这不是好的动机啦……因为……很可能根本没有哦！）

31

如果碰到对方，要求你和他站在同一阵线

他真的不懂我……
我好伤心……他就是
一个超级无敌大坏蛋！
你说得对！他就是
个大傻子！
你说我男神是
大傻子？
呜呜呜呜呜，我太伤心
了！他为什么总是对其
他人笑，就嘲笑我?!
……
你为什么不说话？
!!!
说不行，
不说也不行……

> 如果碰到对方爱憎分明，而且要求你跟他站在同一阵线，你只能让对方尽情宣泄他的不满，但你要控制一下，不要忘形地加油添醋，不要为了讨好对方就夸张地一起加入他去攻击别人。

阿昆去庙里上香的时候，跟所有去拜拜的人一样，对着神像喃喃祈求，诉说自己的愿望。

如果在阿昆喃喃祈求的时候，耳中突然听到神明跟他诉苦说："唉，其实我也有好多苦衷的呀！"那阿昆该如何是好？他应该会夺门逃出庙去吧。

神明是拿来单向诉说祈求的，不是拿来聊天的。怪物是拿来单向吓你、吃掉你的，也不是拿来聊天的。如果"异形"从你同事的肚子里爆出来，接着就自己倒杯咖啡，跟你聊起心事来："唉，人的内脏生吃，吃久了也是会腻的，对心血管也不好……"那你一定觉得"异形"未免也太窝囊、太不吓人了。

喜欢经典电影《教父》的人，应该会记得马龙·白兰

如果碰到对方，要求你和他站在同一阵线

度饰演的教父，在书房内接见各方请托者时，他是背对着窗户，窗户从他背后透进光来，而书房很暗，于是日光在教父的背后形成光晕，进房的人根本看不清教父脸上的表情。因为教父本来就不能让你知道他心里在想什么！教父才不跟你聊他牙疼还是白头发太多这些事，他必须天威难测。

所有这些高高在上的，类似神明、君王、老大、总裁，是不会跟你谈心诉苦的。反之，会跟你诉苦的才是把你当平等的人看待的，才是愿意跟你交朋友的。

你看小动物，例如幼狮、幼狼，在和同伴打打闹闹的时候，常常不设防地把咽喉、胸腹这些容易受伤的部位暴露在玩伴的面前，这样就能互相取得信任，培养家族合作猎食的默契。

如果和同学初次见面，就能嘲笑自己腰上的肥肉，嘲笑自己讲话的口音，绝对比较容易交到朋友。我有时遇到开朗的、在山里长大的歌手，他们总是喜欢故意加重口音逗我，说："我们山里人骑机车闯红灯，被警察拦下来，我们就跟警察说：'我们是山里人啊，你不要开我罚单哪！你要教化我嘛！你要辅导我嘛！不然我再骑一次给你看……'"逗得我们这些人哈哈大笑，当然也会努力回赠他们几个我们开车的丢脸事迹。

但要说到距离感的话，我也遇过一些美女，家教超级好，在任何场合都从来不说一句别人的坏话。她们非常赏心悦目，但也会有不少人说，跟这类美女交不了朋友，因为完全没有推心置腹的感觉。

想要推心置腹吗？这个分寸要谨慎拿捏。如果你为了给对方推心置腹的感觉，讲了其他不在场的人的坏话，你就要准备好听你说话的对方可能会出卖你，拿你讲过的话去挑拨离间。但如果你完全不讲任何人任何事的坏话，可能对方又会觉得你这人很客套、很虚伪，没真情。

我的建议是：如果碰到对方爱憎分明，而且要求你跟他站在同一阵线，你只能让对方尽情宣泄他的不满，但你要控制一下，不要忘形地加油添醋，不要为了讨好对方就夸张地如果碰到对方,要求你和他站在同一阵线一起加入他去攻击别人。

只要你疏导对方的情绪,对方就比较可能把你当朋友,但你也不至于讲很多不该讲的话,变成日后他去搬弄是非的把柄。

对方充满怨恨时,你宁愿做无害又可爱的小丑,也不要逞强当强出头的英雄,因为他只需要推心置腹的感觉,而不是生死之交。

32

烂话题，
就像默默地
闻到有人
放了一个屁

哎呀，我跟你说，××最近送了我很大的钻戒！
真的好漂亮，欸，这块蛋糕不错，你也要吗？
然后前两天我特地去吃了龙虾……
哇……好厉害……你看这份也好吃……
我总觉得下回我应该换个转话题的方法……
她都被我喂得胖得有点显眼了……

我不擅长话题，我擅长发呆……

> 听到烂话题，就像默默地闻到有人放了一个屁一样，既不必抓住不放，也不必追根究底，大家面带微笑，让它自动消失就好。

安珮被拉去一个聚会，聚会中一个贵妇滔滔不绝地在讲："我们那个设计师啊，光是一扇窗户的窗帘布就给我用掉三万块呢！我就问设计师怎么这么贵？他就说我们家是阿曼风格，不用这个牌子的窗帘布不行的……"呱啦呱啦呱啦……安珮用眼角余光一掠，大家都眼神放空，有的在整理发尾，有的在舔牙缝。

安珮正想找个空当起身逃去别处透透气，聚会的女主人正好飘过来，此时贵妇正讲到她新家玄关的地砖是从欧洲哪个老贵族的旧邸拆过来的，还是呱啦呱啦。女主人一看势头不对，当下过去搂住贵妇的肩，笑着说："王太太本来就是最有品位，安珮呀，阿女呀，你们有没有告诉王太太你们最近发现的那个超好用的面膜呀？"

烂话题，就像默默地闻到有人放了一个屁

安珮和阿女抓住机会，赶快聊起了面膜，其他美眉们也都热烈加入面膜的话题。起码大家都用过面膜，而且大家都是从药妆店里买来的，可没有谁的面膜又是从欧洲哪个老贵族的旧邸挖出来的。

听到烂话题，就像默默地闻到有人放了一个屁一样，既不必抓住不放，也不必追根究底，大家面带微笑，让它自动消失就好。你看电视新闻的主播，前面跟后面播报的新闻有时实在连不起来，他们也就神色自若地说一句："接下来，为您报道一则醉酒驾车的事件……"绝对不必担心观众抱怨说："你刚才还在报道欧洲下青蛙雨的事，怎么一下又报起醉酒驾车来了？"因为人嘛，活在当下，话出如风，谈话的节奏说变就变，大可不必费心地非要找一个平滑的方式，从无趣的话题滑向别的话题，干净利落地直接转弯就可以。

有不想多聊的话题，当然也就有不想多聊的人物。如果在聚会中，遇到了不想多聊的人，要如何不太明显地摆脱对方呢？比较贱的招数是嫁祸于人，看到场中有适合嫁祸的目

标出现，就立刻热心地拉着这个你想摆脱的人说："啊，那边那位是某某公司的大红人，你一定要认识一下！"很热情地拉着他去拜见新的目标，是大红人也罢，是鬼见愁也罢，反正就帮他们互相介绍认识，你就可以脱身了。

另外，也可以用空间换取时间，拉着你想摆脱的人往饮料桌或食物桌迈进，嘴上不要忘记说"今天他们准备了很棒的伏特加哦"或者"你一定要吃吃看我带来的布朗尼"。把人带到桌边后，殷勤地为她拿些饮食，尽到了礼数，也就可以靠着走来走去的障眼法，渐渐摆脱对方了。

不管多么想摆脱对方，眼睛千万不要露出冷淡的神色，怎样都要表现出"等一下有机会再跟你好好聊"的热情。世事多变化，谁知人生的下一回合，这个人会扮演什么样的角色？就算你此刻只想躲开她，也还是可以避免树敌，因为敌人是最恐怖的资产，拥有的越多，你死得越快。

33

你不是英国女王，离场不必惊动大家

某次家庭聚会
礼物送到了，招呼也打了，要不我撤了吧……
但是找不到跟主人告别的时机……
非常感谢您的邀请，我接下来有……
用微信好了……
谢谢大家来……
我给大家准备了甜点，大家品尝一下再走吧……
哇！太好啦！
你刚才去哪里啦？
也许这也是厚脸皮的一种。
上了个厕所。
比起很有存在感，我可能是离开了一个小时别人也发现不了的类型……

> 你最好当个融入派对气氛的好客人，大方地参与别人的谈话，欣赏音乐、美食，随便谈些最近看的影集，谈谈大家都是如何认识主人的，应该就可以快速建立你和其他客人的联系了。

安珮有个同学长得很不错，但也就止于不错而已。她可能是受到社会风气的影响，以为把自己扮出社会名媛的气势来，就可以艳压群芳，出风头。

其实名媛界是很严苛的。你念的学校是不是欧美名校，你家的企业是名门正派还是土豪劣绅，你的英文有多溜，搭配衣鞋的品位如何，刚去了哪里旅行，你的发型师是谁？……只要愿意比，项目是比不完的。

可惜安珮这位同学只学了一点表面功夫，却很希望在每个场合引起别人注意。这就有点麻烦，比方说，依照社交礼仪，当你抵达一个派对，只要适时找到派对的主人，让主人知道你依约出席，这样就够了。如果带了伴手礼（纪念品），简单说一声，把伴手礼交给主人，也就够了。

但安珮这个同学往往一遇到主人，就把着主人说话，说话还不够，还要把伴手礼拿出来，解说给主人听，说这家的蛋糕有多好吃、多难买，来的路上又怎么差点砸烂，或这瓶辣椒酱是她特地从哪个国家买回来的，瓶身的设计有多特别，海关怎么为了这个怪瓶子刁难她，等等。

不用想也知道，派对的主人有多忙，她可能要应付已经到场的三十位客人，心中要牵挂还没到场的另外六七个客人，她要招呼大家吃的和喝的，要关心有没有哪位客人和大家都不熟，要帮他介绍新朋友认识。她可能还要看气氛调整音乐灯光，要接电话，要撮合某人跟某人，要提醒某人不要去问某人怀孕的事因为已经流产了……

如果你只是客人之一，而且并不是主客，那你最好不必把着主人讲话，也不必要主人一定细细观赏你的伴手礼。你最好当个融入派对气氛的好客人，大方地参与别人的谈话，欣赏音乐、美食，随便谈些最近看的影集，谈谈大家都是如何认识主人的，应该就可以快速建立你和其他客人的联系了。

安珮这位爱当名媛的同学并不是不知礼数，只是有时她的礼数对别人来讲是负担。很多人一定以为依照礼数，离开一个地方时，应该和大家都说一声再见。但实际上，如果大伙正玩得尽兴，而你却必须先离席的话，实在不必一一去告诉每个人你要先走了。你又不是要死了，大家还会再见面，你这样只会打扰其他人的兴致，别人必须中断自己的玩乐或谈话，礼貌上假作关心地问你为什么要先走，无形中他们也被你提醒了时间，你就好像是一个长了腿的下课钟一样，"当当当"地叫大家"该下课啦"，这对一个气氛正热络的派对来说当然很扫兴。

我会建议安珮这个同学，要先离席，悄悄和主人报告一声，和特别熟的朋友再说一声，就够了。你要离场，不必惊动大家，你也不用和大家一一握手，这种事，留给英国女王去做就好了。

34

一个人很难"了解另一个人所受的苦"

这个画面前几章
是不是出现了？
呜呜呜呜呜我好难过！
你理解不了!!!
呜呜呜我好难过啊……
你能理解吗……呜呜呜呜
……
你这种人肯定理解不了！
就你这种人成天到晚嘻嘻哈哈，
我的痛苦你根本不能……

我理解不了你的痛苦！
你也理解不了我的！
知……知道了……
先……先松手……

> 我花的力气越多，
> 我就越知道，
> 一个人很难了解另一个人所受的苦。

安珮一直以为自己很会安慰人。每次有朋友来找她哭诉，不管是工作上被整，还是失恋被甩，安珮都会边听边安慰对方："我懂……我懂……你真的很倒霉……你好委屈哦……我知道那种感觉……"

我真的觉得安珮算是很善良、很愿意安慰人的了，但她习惯讲的这个"我懂你的苦，我懂你的委屈"的话，真的能安慰人吗？

我调查了一些朋友的反应，这些朋友当中，有一半以上的人不领这个情，他们当然还是会感激对方愿意安慰自己的好意，但如果伤痛或愤怒非常巨大的时候，他们并不想听到对方说"我了解你受的苦"这种话。

为什么？因为他们觉得：你根本不可能了解我所受

一个人很难"了解另一个人所受的苦"

的苦!

我的工作，有时候必须写剧本。写剧本，必须揣摩剧中人遭遇事情之后的心情。如果剧中人丧子、丧偶，被宣告绝症，作为编剧的我，都必须花很多力气去想象那个剧中人当下是何感受。

我花的力气越多，我就越知道，一个人很难了解另一个人所受的苦。当你自己腰痛到站不起来的时候，你真的很难分心去想遥远国家被水灾害到饿了三天的小孩的处境。

如果不能了解，就不要这样说，因为当事人向你倾诉的时候，她只需要你听，也许她也很需要你给她一点建议，但她可能不需要另一个人宣称有别人懂她的苦。她的痛苦折磨得她快死了，她不会觉得这种痛苦是可替代的。你这样讲，安慰不了她。

至于另外一种"引蛇出洞"式的诉苦，那是完全不同层次的事。"引蛇出洞"式的诉苦，文言文叫作"乞怜"。你同学跟你说"我头发烫坏了，丑死了"的时候，是在"乞怜"，

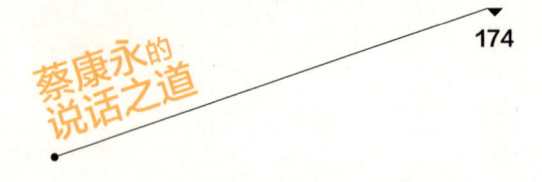

你要立刻表明"不会啊,很好看啊",一切以此类推。

我朋友的贤妻非常在意岁月的痕迹,夫妻二人一起看奥斯卡颁奖典礼,贤妻大人看见朱莉娅·罗伯茨脸上略见皱纹,就会"引蛇出洞"式地问说:"连朱莉娅·罗伯茨看起来都有点年纪了,你看我一定也觉得我是老太婆了吧?"这时,先生如果也来"我懂你受的苦""我了解你被岁月摧残了",如果先生笨成这样,用这种找死的方式还想安慰贤妻,那就等着整晚被贤妻大人用无影脚一再踢下床吧。

是好蛇,就待在洞里,永远别出来。

35

开口找人帮忙时,要"大事化小"

亲爱的……有一件微不足道的小事能帮帮我吗？
一个赞而已，没问题！
我最近参加了个××比赛，能帮我点个赞吗？我等下请你喝奶茶。
欸?! 这个尽量吧……
你有其他亲友群吧？能不能也让他们帮我点一点？
你还会企划吧！帮我做一个企划推广一下……我得了第一名的话……
帮忙
帮忙
帮忙
滚雪球一样越来越“忙”。

> 一个找人帮忙时的重点是大事化小。不要一次就一股脑地把整件事丢在对方头上,这样"轰"的一声砸过去,对方很容易"咻"的一声就溜了。

安珮的朋友妮可问安珮说:"为什么每次我找你帮我一点小忙,你都推三阻四的,可是阿女找你帮忙,你就都会帮她,为什么啊?我跟阿女都是你的朋友啊!不是吗?"

安珮被妮可这样抱怨以后,一方面很内疚,一方面却发现自己真的是这样,安珮问自己,为什么阿女找她帮忙,她通常会答应呢?安珮回想,发现阿女每次找她帮忙时,都不像是来求她的,反而比较像是要邀她一起做一件对双方都好的事。

阿女会说:"礼拜天我们一起来约几个男生去跳舞,你顺便把那个杰瑞约出来,我想跟他多认识一点,我这边也帮你约一两个不错的给你认识。"而妮可就不会这样说,妮可一定是说:"安珮,你都不帮我介绍人,我要认识那个杰瑞啦,

赶快帮我约啦！"听了就黏答答的，好像安珮是妮可的保姆似的。

或者，阿女被指派去拜访一个她不熟的客户，她想拜托比较资深的安珮陪她一起去，阿女就会说："安珮，你跟这个客户也很久没见了吧？他们一定也很关心你最近在干吗，不如我们一起去，你也可以知道一下他们最新的计划。"可是妮可就会把话说成这样："安珮，这个客户我一点都不认识啦，好可怕哦，求求你陪我去啦，我不敢一个人去。"安珮一听就烦，第一个念头就是不想被拉去。

久而久之，妮可就成了烦人精，安珮在办公室只想躲她，因为她像个婴儿，要这个要那个，而阿女却比较像个并肩作战的伙伴。其实呢，只是提出要求的方法不同，要安珮帮的忙是一样的。

另外，一个找人帮忙时的重点是大事化小。不要一次就一股脑地把整件事丢在对方头上，这样"轰"的一声砸过去，对方很容易"咻"的一声就溜了。

最好是把需要对方帮忙的事拆解成很具体的，听了不会一下就失去耐心的一个一个小步骤，然后先提出最小的要求，比较不会被立刻拒绝。比方说，你们店家办了促销活动，想找附近的店家共同参与，壮大声势，可以计划第一步先去向附近的店家询问，问说如果为这个活动印了传单，可不可以把附近店家的店名和店址一并印在传单的地图上。这种白捡到的宣传，通常对方应该会欣然答应。这样，等到传单印好以后，这些附近店家也自然比较会答应在自家的收银柜台上摆放这份传单，来吸引顾客目光。当然，这只是取得对方好感，使对方愿意帮忙的第一步。

一旦附近店家答应让你放传单，接下来再答应进一步合作的可能性就一定会提高，不管是需要附近店家一起播放同样的音乐，或者店门口的车位需要协调，都比较容易得到对方的帮忙了。

美国挨家挨户推销的老派推销员，常常在按门铃之后，主人把门才开了一条缝，就以迅雷不及掩耳的速度把脚尖卡

进门缝里，不让主人把门关上。取得这一线生机，才比较有机会向主人进一步介绍他要推销的产品，总比吃闭门羹要好得多了。

不过，美国是枪支泛滥的国家，用脚卡住人家的门缝，遇到太紧张的主人，会不会给你在额头来上一枪呢？嗯……这个……只是比喻啦，没有要你真的去美国把脚拿去卡别人的门缝啦……

36

求饶有诀窍，让人不原谅你都难

哇，你这件衣服真帅气！
要不要试试？有其他款式的！
欸——好像稍微有点紧……
刺啦！
突然彩虹屁——
天哪你的身材真的太棒了！没想到不仅仅是肉眼可见的差距！这件衣服在你的身上才能达到真正的效果！你真是天生的衣服架子，完全不像我!!!
真不好意思。我重买了一件。
没事啦，毕竟我穿啥都不错嘛，哈哈哈！

> 对方骂到一个段落时,你再献上你想的解决之道,让对方感觉你不是百分之百的浑蛋,虽然挨骂难免,但起码对方不会对你这个人完全失去信任吧。

阿昆一直记得小时候,被妈妈训练说"请""谢谢""对不起"这三句话的那段日子。其中,被妈妈逼着说"对不起"时,是最讨厌的了。因为,说"谢谢"通常是有好事发生,如哪个阿姨送糖果啦,哪个老师称赞他聪明啦这类的事。其次的,则是说"请",通常也不错,多是"阿姨,请你给我看一下那个玩具""警卫叔叔,请问游乐园开到几点"这类的事。可是,被逼着说"对不起"就很讨厌了,扯掉了班上那个小肥妹的裙子,去喝喜酒把人家的结婚蛋糕整个撞烂在地上,拿着刀片假装自己是布袋戏偶和同学相杀……这些小事都被妈妈当成大事,押着阿昆去跟人家低头说"对不起"。

这个被逼着说"对不起"的儿时记忆,在阿昆心里留下

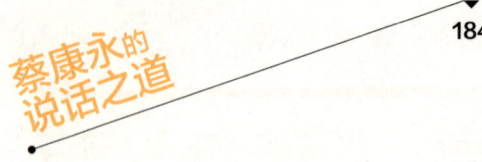

了一点阴影，造成他长大以后不拖到最后关头，就是不愿意跟别人说对不起，在公司也是这样，在恋爱上也是这样。

阿昆这个没办法爽快道歉的作风给了上司很坏的印象，因为在同一个办公室里，有个女生超级会道歉，相比之下，阿昆的道歉简直像计算机合成的那么没感情。

这个女生道歉的第一招，一定是先发制人，一开口就把对方捧上天："昨天我发现我把价钱弄错了的时候，我脑子里面第一个想到要求救的人就是经理你了。全公司只有你最会处理我这种白痴犯的错了。可是昨天我发现的时候，已经过了十二点了，我实在不敢打电话给经理，经理累了一整天……"

把对方说成是"最体谅的""最宽厚的""度量最大的""最开得起玩笑的"等。

接下来，当然要极力显示自己和对方的层次差了多远。

对方在天上，自己就在地下；对方是凤凰，自己就是蛆，类似这种洒狗血的方式。

36 求饶有诀窍，让人不原谅你都难

　　这样洒狗血，其实没什么格调，只能偶尔用在很极端、对方只差一点就要枪毙你、千钧一发的时候。要不然，我觉得比较受用的道歉方式应该是把自己的过错、所造成的麻烦，先在自己脑子里过滤一下，然后想一下可以采用的补救措施大概有哪些，接下来就是勇敢地向对方说明自己犯了什么错，有多清楚这样的错给对方带来多大的麻烦、添了多少困扰，然后当然就等着挨骂啦。不过因为你的道歉充满自我反省的理性气氛，也许对方不会完全失控到甩你耳光的程度。对方骂到一个段落时，你再献上你想的解决之道，让对方感觉你不是百分之百的浑蛋，虽然挨骂难免，但起码对方不会对你这个人完全失去信任吧。

37

只听字面的意思就做决定，恐怕机会就跑掉了

我们去健身呀！
办了卡不用好浪费！
同事C
我今天……
不太方便啦。
为什么？
身体不太舒服吗？
但是中午你吃了很多。
我身体……
今天也不用加班啊。
工作……
但是昨天你才说
周末啥事没有。
我有约……
回来。
对话里的深意，
你能引导出来吗？

> 对方未必不想告诉你,但他有难言之隐,他的用字遣词、态度、眼神可能会泄露线索给你,这时你就要抓得住那线索,才能循线找到原因。

共进晚餐之后,阿昆进一步邀安珮去看电影。

"不行啦,我一定要在十一点以前回家……"安珮说。

安珮说的这句话,字面上的意思谁都听得懂。但如果想要把安珮真正的心意搞清楚,那这句话里的线索就是你继续探索她心意的依据。

"是要赶回家去看影集吗?"可以这样问,称一称你在她心中的分量。如果跟你约会看电影,还比不上她回家一个人看影集,那你当然就知道自己很需要加油了。

"是妈妈规定的门禁时间吗?"也可以这样问,一方面了解一下这个女生的生活可以自己做主的程度,一方面了解一下她的家人状况。

"看完电影也才十二点呀,我会开车送你到家的。"也

只听字面的意思就做决定，恐怕机会就跑掉了

可以干脆假设她是要赶搭末班电车，先替她想好交通疑虑的解决之道，这样她也就会回答你"不是担心错过电车啦，而是……"这类提供你更多线索的回答。

如果安珮说一定要十一点之前回家，阿昆就"哦"一声，然后就放弃邀她续摊看电影，这样就实在很难夸奖阿昆有听懂话的能力。因为人说话，常常是语带保留或者话中有话，你只听字面的意思，就做决定，恐怕机会就跑掉了。

我如果问一位经理，他是否同意他们公司的某个政策，这位经理倘若回答："我没有被授权对这件事做回应。"我就会假设这位经理应该是不同意公司的这个政策，而且想要表达他的不满。

如果你听起来他是这个意思，你就可以帮他"解套"，跟他说你只是想讨教他的看法，绝对不会用他的意见去质问他的上级单位，这样也许能让他放心地发表意见。

我最佩服的小说家之一，宫部美幸。有次写一个小故事，说一个被有钱人领养的十三岁小孩，他有一天忽然就不再进食了，饿到昏倒。养父养母怎么问，小孩就是不说话，

只是微弱地说对不起,仍坚持不吃东西。

后来邻居的侦探大叔来探望小孩,假装闲聊问小孩前几天有什么人来家里,小孩说有工人来整理花园,养母叫他端茶去给工人喝。

侦探大叔听到这里,就猜:是不是挥汗工作的工人,一边喝茶,一边说了什么风凉话,说他被有钱人领养,真好命,不用工作就吃闲饭这类的事。小孩被侦探猜中心事,默默点了头。这下养父母才知道了小孩既不愿说出心事,又不愿继续"吃闲饭"的原因了。

除了什么都说出口的二百五之外,每个人都有不愿说白了的难言之隐。可能是公司出产的奶粉质量有问题这种秘密,可能是上司收了红包而做下违法决策这种秘密,可能是叔叔对自己毛手毛脚这种秘密。对方未必不想告诉你,但他有难言之隐,他的用字遣词、态度、眼神可能会泄露线索给你,这时你就要抓得住那线索,才能循线找到原因。如果你老是回答"哦,这样哦"很难叫听懂,充其量,只能算是个按了把手就乖乖冲水的称职的马桶吧。

38

别人赞美你一句，你就回一句赞美

你看你的房间天天像狗窝一样，你自己也邋邋遢遢的……
妈
妈——你老是数落我，就不能赞美我两句吗……像您这么好的妈妈夸夸我，我能高兴两个礼拜呢！
嗯……确实，虽然你也有缺点，但是你工作的时候很认真，性情也很直率。
妈
你的眼睛也很漂亮……这些都是因为——
像我。
欸？

妈

> 别人骂你一句,你回骂他一句,这叫吵架;别人赞美你一句,你回一句赞美,这就叫社交。

节日亲戚聚会,阿昆遇到一个很不熟的,表妹的丈夫这类的远亲。表妹夫为了化解不熟的场面,先开口称赞了阿昆:"哇,阿昆表哥很帅啊!长得很像金城武!"

阿昆额头偷偷出现三条看不见的黑线,内心不出声地独白着:"这个表妹夫,平常一定是个狠角色,连这种马屁也拍得出来……我要是像金城武,无尾熊就像长颈鹿了!"

依照阿昆平常的习惯,大概就会打个哈哈,类似"哪会啊,别闹了"这样的回答,就混过去了。但毕竟对方主动示好,怎样也算是小型的破冰之旅呀,阿昆觉得自己也应该礼尚往来一下。阿昆看着这个很不熟的表妹夫,忽然发现这个表妹夫长得很像周杰伦,忍不住脱口而出:"我哪像金城武啊!你吧……你才像周杰伦咧!"

表妹夫很乐:"哈哈,对呀,我从高中开始,就被人家说像周杰伦了!"

于是两个人开始聊各自喜欢的歌手,气氛热络了起来。

阿昆从来没有被别人说过长得像任何一个明星,阿昆也真的一点都不像金城武。但是表妹夫瞎扯的一句称赞,却启发了他和对方聊天的灵感。

表妹夫为什么用"你长得像金城武"这句话来破冰?应该是因为表妹夫自己老是被别人说长得像周杰伦,但他总是不太好意思初次见面就这么冒昧地说他自己长得像明星,所以他做了一个球给阿昆,阿昆接住了,那有来有往的对话就顺利开始了。

有些名人说他们不想成为别人茶余饭后打发时间的话题。我当然了解这种心情,但很遗憾的是,这本来就是作为名人的天职,是完全没办法切掉这一块说"我不要"的。名人就跟天气一样,是社交谈话中最方便信手拈来的话题,名人另一点跟天气一样的,就是谁都可以骂两句"什么鬼天气！烦死了"或者"什么狗屁明星！丑死了",哈哈,功能很像吧?

别人骂你一句,你回骂他一句,这叫吵架;别人赞美你一句,你回一句赞美,这就叫社交。如果别人赞美你一句,你只是很礼貌地回说"谢谢",这样是落落大方,也很好,不过这一招通常比较适合天下第一美女或天下第一富豪,这类人常常被赞美到麻痹了。

那如果别人骂你一句,你竟然还有办法回他一句赞美,那会发生什么事呢?

我真的很少很少看到这个现象,如果真的发生了,我想,对方会很错愕,而你的脑袋上会立刻出现一圈光环,接着被提名诺贝尔和平奖吧!

39
是在巩固友谊,还是搞得更冷漠?

节日的时候,面对这些毫无灵魂的批发式祝贺信息,我的心灵毫无触动……

嘟嘟嘟
嘟嘟嘟

唯一能让我感觉到灵魂的……一个是……电话广告……

另外一个是……

加班短信……

非常抱歉要在这个时间找你,但是突然……

加班

我不知道!
别过来!

> 人这么喜欢自己的名字,当别人给你写电子邮件、跟你讲电话时,如果三不五时提起你的名字,你专心而且认同的程度都会因此大大提高!

圣诞夜,安珮的手机一如往年,收到上百个祝贺圣诞快乐的短信,这一百多个短信里,却只有三个短信有特别打上安珮的名字,其他的那些,很明显都是罐头短信。安珮对罐头短信实在很没有感觉,但人在江湖,礼貌上也就回传一则罐头短信,祝福对方。(双方都很没感觉的事,电信业者却大有感觉呢,短信营业收入一夜暴增百倍,没感觉还是人吗?)

先把那些不能感动安珮的罐头短信放在一边吧,试着想一下写有安珮名字的那三个短信,在那个圣诞夜,会显得多么真诚感人!简直就像三块小金砖躺在一整片由黯淡的罐头短信铺成的沙漠上,是多么闪闪发亮啊!

在短信里写上对方的名字,以目前发短信的步骤来说,是有点麻烦。但这小小的麻烦可以造成不小的差异，收到你短信的人从此会把你的姓名放入脑海。在未来的某一天，当你要请安珮代为介绍某人，或者要跟安珮打听某件事的时候，这个短信所造成的差异，可能会发挥关键的作用。

美国有个调查，说一般人最喜欢的字是自己姓名里的字。我不知道这样的调查结果是否也适合中文姓名，但只要你想一下，你浏览街上招牌、翻阅报纸杂志时，会不会特别被自己姓名里的字吸引？如果会，就表示这个调查结果在原则上是成立的。

人这么喜欢自己的名字，当别人给你写电子邮件、跟你讲电话时，如果三不五时提起你的名字，你专心而且认同的程度都会因此大大提高！（当然你也可以用这招去对付别人，但呼唤对方名字时，请不要叫得太频繁，不然会像在"收惊"。）

做社会运动的高手，在为弱势族群争取权益的时候，有个很重要的做法，就是让冷漠的社会大众认识这个弱势族群中的某一个人：认得他的脸、叫得出他的名。一旦做到这点，大众就比较不会像原来那么冷漠，比较会觉得："我知道他啊！他受这么大的委屈吗？那我不能接受，我要出点力帮他争取权益！"

这个弱势族群也许是刚出狱的受刑人，也许是住在污染环境里的小孩，也许是走路两小时才能上学的学生。反正，一旦这群人当中，有一个人在你眼中是有脸孔的、有姓名的，那他的故事就比较容易打动你，他就不再只是面目一片模糊的抽象名词了。

同样，你也不能把对你来说很重要的人当成面目模糊的抽象名词。同学、同事、朋友，都不会想被你当成一个连名字都没有，应付应付就好的抽象名词。

下次，当你贪图方便，想按一个键就发出一百则罐头短信向朋友贺节的时候，想想对方的感受，想想你这么做真的是在巩固友谊吗？还是反而把彼此关系搞得更冷漠，却同时增加电信业者的营收？

40

黑手党为什么要开餐厅?从环境来推测

今天是网友线下聚会，
大家都是第一次见面。
带你上分。
小A喜欢打手游。
小C不停地自拍。
大家都好漂亮。
确实是这样呢。
我头一次来这家店。
哈哈哈哈哈哈……
小D用手机跟我们对话……
但我们不是线下聚会吗？

和你聊天？还是玩手机？
还是干脆用手机聊天？

> 如果我初次跟别人碰面，约见的地点墙上是有镜子的，我会尽量让对方坐在可以照镜子的位置，这样就可以看看对方在和你谈话的过程中，是对你比较有兴趣，还是对镜子里面自己的倒影比较有兴趣。

安珮去意大利玩，朋友带她去一家二十四小时都营业的高级餐厅，不是快餐店哦，是高级餐厅哦。安珮他们到餐厅的时候，已经是半夜两点了，餐厅里根本没有客人，但是却灯火通明。要点菜真的也有服务生来服务，点了菜以后，厨房也真的有厨师把菜做出来，只是服务生上菜的态度有点粗鲁，厨房煮出来的菜味道也普通，跟整个餐厅高级的装潢不太相称。

"看出什么端倪了吗？"安珮的朋友问她。

安珮摇摇头。安珮的朋友才小声地告诉安珮，这个餐厅是当地的黑手党开的。反正黑手党本来就常常要吃饭聚会，有的对吃也很内行，弄个餐厅也很合理。

但为什么要开二十四小时呢？根本没什么客人，完全不

符营业成本啊。

"因为小弟们要随时动员啊，没事时就轮班在餐厅窝着，打打工、玩玩牌，有收入也好管理。有事老大叫一声，马上就可以赶赴现场，很机动啊。何况餐厅的账目，也可以拿来洗黑钱。"

安珮听完朋友解释，很庆幸自己进餐厅后都很乖巧，没有惹服务人员生气。

安珮和我们很多人很像，有观察但没推论，这很正常，她去意大利是去玩的，没有道理还要伤脑筋去做推论。

但如果是初次跟人相遇，对谈话的方向没什么把握，那不妨来一点观察加推论，应该比较能抓对方向。

开跑车的人不一定比开小货车的人有钱，但两者比较起来，开跑车的人总是比较希望别人认为他有钱。不但开跑车，进了咖啡厅，还要特地把跑车的车钥匙放在咖啡桌上，那他就不只是希望别人以为他有钱，而是要确定别人会以为他有钱了。

这样的人一定很浮夸吗？也不一定，但总是比默默开小货车，或者开跑车但默默把车钥匙放在口袋里的人要虚荣一点。你做了这样的观察和推论之后，如果你必须取悦他，那就跟他聊跑车，让他可以炫耀他对昂贵跑车的品位。如果你不必取悦他，那起码你听他讲话的时候，也会比较懂他的逻辑，会懂他提到营业额多大或者人脉多广，很有可能是比实际情况虚荣一点。能这样想，你就会对他接下来提议的大好赚钱机会有所保留，比较不会太快上当。

如果我初次跟别人碰面，约见的地点墙上是有镜子的，我会尽量让对方坐在可以照镜子的位置，这样就可以看看对方在和你谈话的过程中，是对你比较有兴趣，还是对镜子里面自己的倒影比较有兴趣。

可以提供线索的环境真是各式各样：办公室为什么租在这个地段？厕所贴什么样的标语？放到网络上的自拍照为什么都是右脸的照片？这些都可以告诉我们一些线索，让我们不至于"摸黑"开始一段谈话。

41
炒热气氛，需要练习

公司年终聚会
怎么搞好呢……
真令人头疼！
狼人杀一桌！王者荣耀一桌！
喝酒的一桌！不吃香菜葱姜蒜
的一桌！没有冲突又聊得开！
你好有经验！
来帮我组织
一下……
我走了。

> 一场气氛理想的聊天,其实追求的是一样的事:大家都有机会讲讲自己的事,也听听别人的事。更理想的话,快歌跟慢歌适当交错,有好笑的话题,也有透露心事的话题,那就绝对是一次令大家难忘的聚会。

安珮有个朋友,每次去 KTV,每首歌她都要唱出声音。

是她点的歌,当然她要唱,不是她点的歌,她也要分一支麦克风去唱,就算一支麦克风都分不到,她也要用自己的喉咙大声地唱。她如果生在春秋战国时代,可以用歌声去攻城的话,肯定三个月就能靠战功升上大将军!

后来大家去 KTV 都不约这个人了,不是她唱歌不好听,只是去 KTV 的人都想自己唱。去 KTV 的人,听别人唱歌是在尽公民应尽之义务,这样才能换取别人乖乖听自己唱歌的权利。说来伤感,但谁要花钱去困坐一个小房间里,听另外一个老百姓练歌呢?如果有人是认真要练唱哪首歌,那他一个人在家里跟着音响练也练得成,而且便宜又方便。

很明显,大家愿意为 KTV 花钱,就是不只自己要唱,还要有人听。如果有人老是自己一个人跑去 KTV 订包厢，连唱五小时，虽然唱得过瘾，但一定觉得很凄凉，凄凉到进包厢送卤味的服务人员在转身出来关上门的那一刻也会轻轻发出叹息。

如果没有安珮那个一唱就停不下来的讨厌鬼朋友来搅局，大家轮流唱、轮流听，气氛就很理想。一场气氛理想的聊天，其实追求的是一样的事：大家都有机会讲讲自己的事，也听听别人的事。更理想的话，快歌跟慢歌适当交错，有好笑的话题，也有透露心事的话题，那就绝对是一次令大家难忘的聚会。

唱 KTV 时，如果有这么一个人，懂得帮朋友们点歌，懂得安排歌曲的顺序，懂得帮一直没唱到歌的人插播，懂得有时选些特别搞笑或者有话题的歌给包厢里的人听或看，这个人也知道谁失恋要唱疗伤的歌，谁一定要大吼一首脏话歌来骂他老板，这些八面玲珑的安排，当然会使包厢里的气氛让人很尽兴。

这个人自己能完全放松地玩乐K歌吗？不一定，有的人就算很注意在座所有人的感受，也不会害他自己完全没玩到。有的人则会压力太大，好像在当年会的主持人，整场下来累得半死。

我觉得偶尔为自己在乎的朋友们创造这样的聚会来聊天，会让大家觉得你是很温暖、很够意思的朋友。

至于会不会把自己搞得太操劳呢？我建议可以多练习几次，就像煮菜很有节奏也大概演练过的人，几次请客之后，就能达到及时上菜，又能坐下来陪朋友吃一阵子的境界了。

但如果你练习不来，也没什么，就让比较有天分的人来掌握气氛好了。就像只负责吃的人，只要懂得一直说"好吃"；不唱歌只听歌加吃点心的人，只要每首歌之后都用力拍手，也是很上道的。

42

招待客人，别只用钱不用心

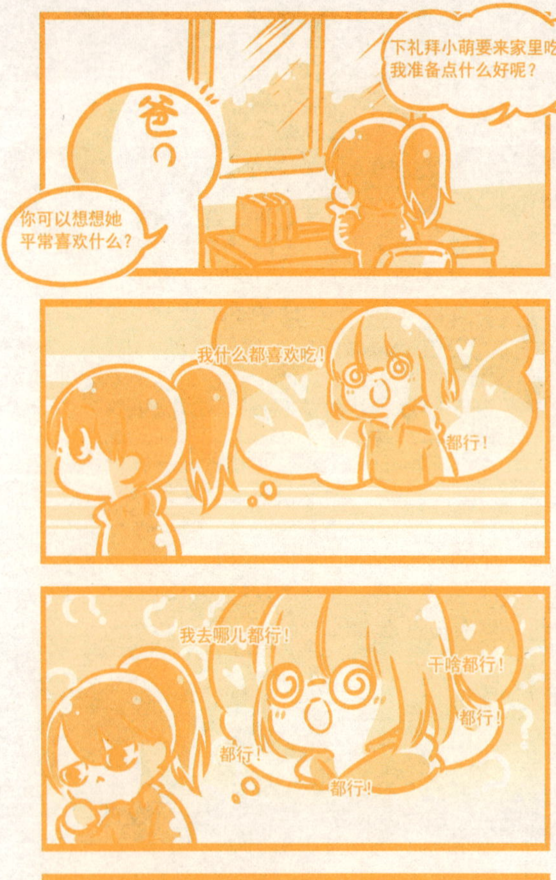

因为和最喜欢的朋友在一起，
所以才做什么都开心呀！

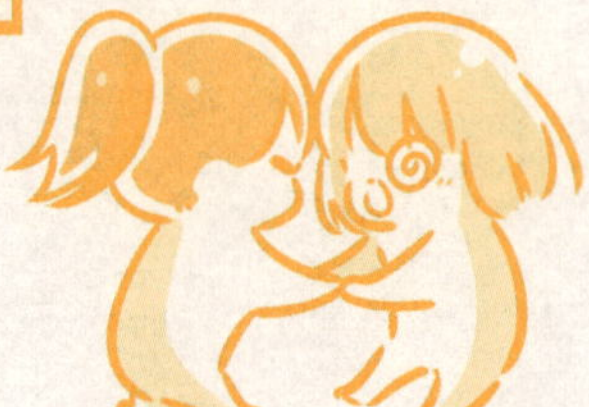

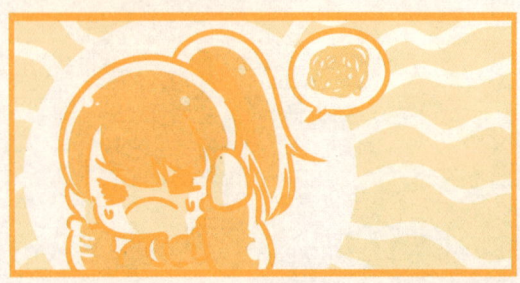

> 相信我，用钱不用心地招待客人，花再多钱大概就只是六十分。反过来，用心不用钱地招待客人，就算只是吃饺子或意大利面，也会很容易创造出一个融洽满分的聚会。

阿昆投资股票，赚了三十万，于是他请安珮还有安珮的一些朋友吃大餐。因为要在安珮这些朋友面前营造出他已是投资界新贵的感觉，安珮选了本城最贵的一家法国餐馆，点了餐厅里第三贵的酒（因为第一贵的酒实在是太贵了）。然后吃饭中间，阿昆就一直提到那些他上网去查来的"白酒配白肉，红酒配红肉，哪一年的葡萄遇到多大的旱灾，所以那一年的葡萄酒酿出来会有一股什么样的味道……"等他努力背下来的话。

安珮的朋友们都还算上道，在餐桌上都努力附和着阿昆滔滔不绝讲的这些事。可能因为努力就要用力，所以谁都没办法很放松地喝酒吃饭，加上法国菜常常盘子很大食物却很少，散会以后，安珮和朋友们竟然又跑去吃了一顿羊肉火

锅，边吃边嘻嘻哈哈的，免不了大家就围着火锅得出了这样一个结论：那个阿昆真是个啰唆鬼呀！

相信我，用钱不用心地招待客人，花再多钱大概就只是六十分。反过来，用心不用钱地招待客人，就算只是吃饺子或意大利面，也会很容易创造出一个融洽满分的聚会。

我知道"用心"二字被滥用得很厉害，从我看漫画《将太的寿司》开始，就一直很期待吃到师傅"用他的心"捏给我吃的寿司，然后我可以吃一口就露出漫画里那种瞬间飞舞在樱花天雨中陶醉狂喜的表情。嘿嘿，当然我味觉很迟钝，常常实在吃不出师傅有没有"用心"，我常常连根本没有师傅动手的泡面都吃得很高兴。但是，味觉这么迟钝的我，也都能很轻易就感受到一个主人有没有"用他的心"待客。

你关心一个人，就会找话跟他聊，让他说话。我相信倾诉是人的本能，是原始人就开始依赖的生存之道。原始人必须总是告诉伙伴们"天上闪光有时会让树烧起来""那种果子吃了会吐，上次我吃过""这小孩不是我的，赶快把他丢到山洞外面去"……这些话。

倾诉和饿了必须吃东西一样，是我们活下去的生存之道。当你关心一个人，你就会给他机会，让他对你倾诉，而不是一味地喂他吃松露喝白酒而已。

所谓"用你的心"待客，无非就是关心你的客人，给他吃喝，但也给他机会倾诉，他要倾诉什么，他会自己找到机会说出来，只要整晚你三不五时给他这样的机会。

当然，不是每次待客都要这么用心啦。如果是你根本就不关心的人，用酒把他灌醉叫他回家就收工了。但练习关心别人，而且表现出你的关心，我觉得是非常值得的，因为你生命中必须有你最在乎的人，你才会活得有滋味。而对那些你最在乎的人，你一定会关心，而且更重要的是，把你的关心表现出来，让他们收到。

43

说话别像地板打蜡机,只顾擦亮地板却没感情

我们来抓娃娃吧！
靠运气抓娃娃是不行的！根据我多年的经验，首先要先观察角度，才能达到最基本的……
要怎么抓才好呢？
你看，掉下去了吧。刚才就告诉你了，应该先观察角度……
还要特别注意爪子的松紧，然后再计算……

吃个苹果
冷静一下。

> 把话用你有感觉的方式讲出来，不要偷懒地依赖你那个行业里所有业界人士讲话的套路，即使不流畅、多费字句，都没关系的。

安珮每次在电视上看到分析股票的老师，或者购物频道的专家，常常忍不住觉得他们讲话有点油。

"你看到没有？连续拉了三支涨停板！老师昨天就告诉你了，要特别注意节能减碳题材的这几只股票……"

或者，购物频道上：

"别家的防虫被单，有几家国际机构认证?!你说，有几家?!有一家就很不错了！我们这一款防虫被单呢？你看看有几家国际权威机构的认证？我告诉你，你不要被吓到，有三十六家！三十六家哦！"

这些人说话很有效果，能打动人心，但不可否认，是有点油。你如果是股票老师或购物专家，倒也不妨这样说话，但容我提醒一句：讲话时，只要使用太多业界的用语，流露太多业界的习性，一般人听起来，都会闻到一股不够生活、不够真心的气味。

婚礼上，老派的上台致辞人，爱用的"敝人今日十分荣幸……"，电视记者在事发现场，对着镜头说："现在就马上来为您做一个转播的动作……"还有很多莫名其妙的口头禅："基本上，已经下了两小时的雨……""死亡人数，基本上已经到达三十人这样的数量……""教室的门基本上是开着的。""火车票基本上是不够的。"读读这些句子，或者说"进行阅读这一个动作"，你会发现你基本上完全可以把这些莫名其妙的"基本上"拿掉，依然能清楚表达意思。

这些人对说话这么敷衍了事，有各种原因：职业倦怠，没兴趣回味一下自己一天说的话，太匆忙没空想别的说话方式，都有可能。

但这些都是借口，都改变不了听的人的不良感受。听的人就是会觉得，你只是把话从嘴里发射出来，就像清洁人员用的地板打蜡机那样，没感情地、一圈又一圈地磨亮了

地板。

把话用你有感觉的方式讲出来,不要偷懒地依赖你那个行业里所有业界人士讲话的套路,即使不流畅、多费字句,都没关系的。

电视上的主持人每天都在讲话,如果每个主持人都只是拷贝其他之前的主持人讲话的方式也许很方便,但那样哪里会跑出这么多各式各样的主持风格来?大家都长一个样了,分不出来谁是谁了。

你愿意接受你和其他人都没差别这种事吗?如果愿意,那你怎么会在看这本书啊?基本上应该是拿错书了吧?赶快去进行换本书这样一个动作吧!

44

传达感情，不只要会说

为了能配得上男神！
我要成为更好的人！
哦——
先从减肥开始！
那今晚还去吃
羊蝎子吗？
去！
一个礼拜后……
你不是要为了男神
减肥吗？
明天再说吧。

你这个光说不做的……
别这么说嘛……
说出来也是很重要的。

> 我觉得语言最美的时候,
> 就是在我们透过语言感受到彼此互相需要的时候。

安珮和阿昆总算试着交往了。交往了两个月以后,遇上了情人节。

"会收到什么礼物呢？"像所有与交往对象迈向交往以来第一个情人节的女生一样,安珮有一点期待,也有点忐忑。

到了情人节那天,安珮拿出她要送给阿昆的礼物,是一块表面上细致刻着阿昆名字的手表,阿昆显然没看过表面竟然可以刻上名字的定制表,露出又惊喜又感动的表情。

轮到阿昆拿出礼物了,只见阿昆拿出来的竟然是一个薄薄的信封。安珮有点不安:"他送我一封信,还是一张支票？"不管是哪样,都可以算是很冒险的情人节礼物呀。如果是信,信的内容跟文笔会令人冒汗吧？如果是支票,支票的金额跟含义该怎么看待？

安珮打开信封,很古怪,是一沓计算机打印、阿昆盖章的"安珮专用礼券",算一算,一共有五十二张。

"这是一年份,每个礼拜一张的礼券,只能给你用,只能用在我身上。"阿昆说,"礼券的用途弹性很大,可以叫我帮你剪一次脚指甲,叫我帮你买一次消夜,叫我一次不跟你回嘴,叫我陪你看一次哭哭啼啼的韩剧……"

安珮很感动,抱住了阿昆。

这确实是个好的情人节礼物,因为里面有很多心意。你若是常常说话的人,就会发现,如果你讲了具体的事而不是讲抽象的道理,听的人比较爱听,也比较听得懂、记得住。

"永远爱你"很抽象,因为"永远"是什么,大家都没见过。"爱你到海枯石烂"比较具体,但"海枯石烂"其实大家也没见过,听了还是没什么感觉。"白头偕老"就具体多了,上了年纪的伴侣牵着手过街,是很温暖的感觉。

"五十二张礼券,一个礼拜用一张"非常具体,一听就很甜蜜。

44 传达感情，不只要会说

说话，无非是表达自己，打动别人。为什么口才流利的人有时候一点都不讨人喜欢？可能是因为他们讲话很空洞，只在乎自己说得爽，从来不在乎听的人是什么感受。听的人，如果对你有掌握不住的感觉，那你的山盟海誓、夸夸其谈，都只是空洞的声音而已。想要言之有物的人，最好能想想那个所谓的"物"是什么，才会抓得准自己该说多少话，在什么时候说，说完了以后要做什么。说得多，或者一直说，都比不上说得准，又做到。

人跟人沟通常有障碍，有时候对方就是跟你不同世界，怎样说都说不通，那也就只能尽力而为。人生本来就是这样子，尝试得越多，才越有可能完成。

如果地球上只剩下你一个人，那你就用不着语言了，你爱怎么学狗叫学猪叫都没差了。

本来就是为了让你能和别人连接，语言才存在的。可惜这么多人只顾自己使用语言，却不在乎别人了。我觉得语言最美的时候，就是在我们透过语言感受到彼此互相需要的时候。

靠语言确认了彼此的存在，此时语言最美。

© 中南博集天卷文化传媒有限公司。本书版权受法律保护。未经权利人许可,任何人不得以任何方式使用本书包括正文、插图、封面、版式等任何部分内容,违者将受到法律制裁。

图书在版编目（CIP）数据

蔡康永的说话之道/蔡康永著 . — 长沙：湖南文艺出版社，2020.7（2024.8 重印）
ISBN 978-7-5404-9647-0

Ⅰ.①蔡… Ⅱ.①蔡… Ⅲ.①语言艺术—通俗读物 Ⅳ.①H019-49

中国版本图书馆 CIP 数据核字（2020）第 066687 号

上架建议：社交·人生哲学

CAI KANGYONG DE SHUOHUA ZHI DAO
蔡康永的说话之道

| 作　　者：蔡康永
| 出 版 人：陈新文
| 责任编辑：刘雪琳
| 监　　制：邢越超
| 策划编辑：董晓磊
| 特约编辑：徐　洒
| 营销支持：张婉希　秦　声
| 装帧设计：李　洁
| 封面摄影：韦　来
| 照片提供：大都市 METROPOLE
| 出　　版：湖南文艺出版社
| （长沙市雨花区东二环一段 508 号　邮编：410014）
| 网　　址：www.hnwy.net
| 印　　刷：三河市中晟雅豪印务有限公司
| 经　　销：新华书店
| 开　　本：875mm×1230mm　1/32
| 字　　数：100 千字
| 印　　张：7.5
| 版　　次：2020 年 7 月第 1 版
| 印　　次：2024 年 8 月第 4 次印刷
| 书　　号：ISBN 978-7-5404-9647-0
| 定　　价：48.00 元

若有质量问题，请致电质量监督电话：010-59096394
团购电话：010-59320018